Knaur

W0222188

Matthias Müller-Michaelis

Mama, ich bin pleite!

- Wie Kinder den Umgang mit Geld lernen
- Kinder und Jugendliche in der Schuldenfalle – was tun?

www.knaur.de

Inhaltsverzeichnis

Kleine Kinder, kleine Schulden – große Kinder …

Egal, ob Sie selbst Eltern sind oder ob Sie beruflich mit Kindern und Jugendlichen zu tun haben: Irgendwann erleben Sie, dass es losgeht mit den großen Geldsorgen der Kleinen. Anfangs fehlen nur 50 oder 70 Cent für eine Kugel Eis. Später sind es plötzlich 500 Euro oder mehr für die Handyrechnung. Deshalb will dieses Buch Möglichkeiten aufzeigen, wie sich Geldprobleme bei Kindern und Jugendlichen lösen lassen – besser noch: Wie sie erst gar nicht entstehen.

Mit dem Taschengeld in die Schuldenfalle

»Elterliche Liebe und Fürsorge ist viel wichtiger als Geld.« Oder noch schlimmer: »Wir wollen nicht, dass unser Kind materiell erzogen wird.« Das sind zwei dieser ziemlich einfältigen Sprüche, die immer wieder von Eltern zu hören sind, gelegentlich ausgerechnet von denen, die sich selbst als besonders engagiert, fortschrittlich, einfühlsam, alternativ oder modern bezeichnen. Doch wer so denkt, erweist seinen Kindern einen Bärendienst. Natürlich kann und darf Geld nicht die elterliche Liebe und Fürsorge ersetzen, niemals. Aber eines der wichtigsten Rüstzeuge, das wir unseren Kindern für ein einigermaßen unbeschwertes Leben und Überleben in unserer nun mal vom Konsum geprägten Welt mitgeben können, ist das Wissen über den Umgang mit Geld. Deshalb sollte das Thema Geld in der Erziehung so früh wie möglich eine Rolle spielen – schon im Vorschulalter, spätestens aber im Zuge der Einschulung.

Schule und Gesellschaft versagen

Gefordert sind die Eltern vor allem deshalb, weil sie gerade bei der Erziehung in Sachen Geld nicht auf die Unterstützung von Schule und Gesellschaft zählen können. Denn es steht kein Fach wie »Geldkunde« oder »Wirtschaften mit Taschengeld« auf dem Stundenplan. Die KultusministerInnen geben meist noch immer dem Konjugieren fremdsprachlicher Vokabeln Vorrang gegenüber einem Unterrichtsfach, in dem Kinder und Jugendliche den Umgang mit Geld lernen. Fortschrittliche Modelle wie das der Schuldnerhilfe Essen, die mittlerweile Berater in den Schulunterricht schickt, haben Seltenheitswert. Und von der Konsumgüterindustrie ist schon gar keine Initiative zu erwarten, die sich »Geldbildung« nennen

Eltern bereiten ihre Kinder Schritt für Schritt auf einen vernünftigen Umgang mit Geld vor. Es wäre wünschenswert, zusätzlich den klassischen Stundenplan mit »Geldbildung« zu ergänzen.

könnte. Schließlich stehen den 13- bis 24-Jährigen rund 62 Milliarden Euro zur Verfügung. Damit stellen sie eine interessante Zielgruppe und keine Problemgruppe dar. Hängen bleibt deshalb die Aufgabe »Geldbildung« allein an den Eltern. Und die müssen sie dringend erfüllen. Denn selbst unter Berufsschülern ist das Wissen um Verdienst und Lebenshaltungskosten zum Teil auf einem erschreckenden Niveau, haben Schuldnerberater festgestellt. Auf die Frage, wie viel Geld monatlich für Lebensmittel im eigenen Haushalt einzuplanen sei, kam allen Ernstes die Antwort: »100 Euro sollten dicke reichen.«

Dramatische Jugendverschuldung – was tut die Politik?

Vor allem die Bildungs-, Familien- und Jugendpolitiker können schwarz auf weiß nachlesen, wie dringend ihr Handeln erforderlich wäre, denn laut Armuts- und Reichtumsbericht der Bundesregierung waren im Jahr 2003 bereits 20 Prozent aller westdeutschen Jugendlichen zwischen 15 und 20 Jahren verschuldet. Auch wenn eine Studie der Schufa (Schutzge-

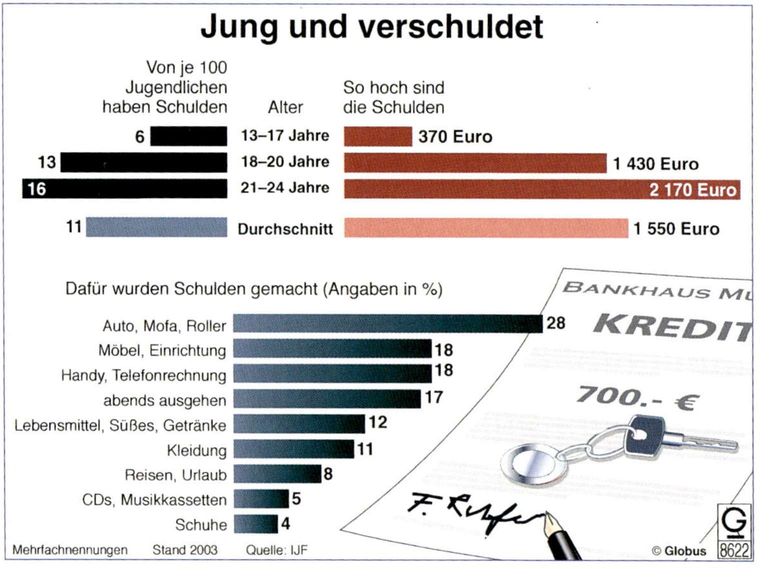

meinschaft für allgemeine Kreditsicherung), die als Auskunftsstelle für Kreditgeber von allen Zahlungsproblemen bei Krediten, Leasing, Ratenkauf oder mit Handyverträgen erfährt, auf etwas geringere Werte kommt – um eine dramatische Entwicklung handelt es sich allemal: Seit 1989 hat sich die Zahl der verschuldeten Jugendlichen vervierfacht. Vor allem sind es die explodierenden Handyrechnungen, die nach einer Schufa-Studie so manchen, der gerade erst volljährig geworden ist, bereits mit mehreren 1000 Euro belasten.

Jugendliche können kaum die Tragweite von Negativmeldungen ermessen, die wegen eventuell nicht beglichener Forderungen bei der Schufa eingehen.

Die größte Zahl der so genannten Negativmeldungen wegen unkorrekten Zahlungsverhaltens junger Leute gehen bei der Schufa mittlerweile von Telekommunikationsfirmen und nicht – wie bisher – von Geldinstituten ein. Bemerkenswert ist, dass zwar die Verschuldung durchs Handy (nach Krediten für Autos oder motorisierte Zweiräder sowie für Möbel und Einrichtungen) bei Finanzproblemen erst an dritter Stelle genannt wird. Aber gerade das zeigt, dass die beiden anderen Verschuldungsgründe kaum zu Problemen führen. Diese Schulden haben die jungen Menschen – im Gegensatz zu den Handyschulden – offensichtlich im Griff. Die Experten für Kreditprobleme rechnen damit, dass sich der Trend der Verschuldung durch das Handy noch dramatisch verschärfen wird. Das hängt zum einen mit den teueren Mehrwertdiensten und dem Versand von Fotos per Mobiltelefon zusammen. Zum anderen locken auch neue Bezahlsysteme, bei denen Handys Bargeld oder Kreditkarten ersetzen können. Leider ist es aufseiten der Politik bei ein paar Debatten und gut gemeinten Absichtserklärungen geblieben. Ernsthafte und von einer breiten Basis getragene politische Initiativen, diese Entwicklung zu erschweren, sind bisher nicht erfolgt. Da zerbricht man sich schon lieber über hinterbänklerische Forderungen wie nächtliche Ausgehverbote für Jugendliche den Kopf.

In die Gesetze von gestern müssen die Schuldenfallen für Kinder und Jugendliche von heute aufgenommen und geeignete Abwehrmaßnahmen in die Wege geleitet werden.

Ein Problem, das es offiziell nicht geben kann

Das völlige Versagen der Politik ist umso verwunderlicher, weil es rechtlich betrachtet gar keine Kinder- und Jugendverschuldung geben kann. Auch in dem erst Anfang 2002 erneuerten Bürgerlichen Gesetzbuch (BGB) wird in §§ 1643 und 1822 fortgeschrieben, dass Kinder und Jugendliche selbst mit Erlaubnis ihrer Eltern keine Schulden machen oder keine lang laufenden Miet- oder Pachtverträge eingehen dürfen. Dafür wäre die Genehmigung des Vormundschaftsgerichts erforderlich. Doch hier zeigt sich, wie blind die Politiker für tatsächliche aktuelle Alltagsprobleme sind. Denn die entsprechenden Vorschriften zum Schutz der Jugend vor Verschuldung wurden einfach weitgehend aus dem über 100 Jahre alten Original-BGB übernommen. Damals aber kannte man nur den Kredit-, Miet- oder Pachtvertrag, aber noch keine Verschuldung durch Handyverträge.

Auszug aus dem BGB

§ 1643: Genehmigungspflichtige Rechtsgeschäfte
(1) Zu Rechtsgeschäften für das Kind bedürfen die Eltern der Genehmigung des Familiengerichts in den Fällen, in denen nach … § 1822 Nr. 1, 3, 5, 8 bis 11 ein Vormund der Genehmigung bedarf.
§ 1822: Genehmigung für sonstige Geschäfte
Der Vormund bedarf der Genehmigung des Vormundschaftsgerichts …
5. zu einem Miet- oder Pachtvertrag oder einem anderen Vertrag, durch den der Mündel zu wiederkehrenden Leistungen verpflichtet wird, wenn das Vertragsverhältnis länger als ein Jahr nach dem Eintritt der Volljährigkeit des Mündels fortdauern soll …
8. zur Aufnahme von Geld auf den Kredit des Mündels …

Es wurde eine Grauzone zementiert, in die auch Handyverträge hineinfallen können. Dabei wäre es ein Leichtes gewesen, auch andere als nur reine Kreditverträge in die BGB-Liste der verbotenen Geschäfte aufzunehmen – ganz zu schweigen von den trickreichen Umgehungsverträgen für Handys, bei denen die Haftung geschickt zwischen Eltern und Kindern hin und her geschoben wird. Natürlich: Um dieses Problem lösen zu können, hätte man es auf politischer Ebene wohl erst einmal begreifen müssen.

Durchs Handy aus dem Gleichgewicht

Nun könnte der falsche Eindruck entstehen, allein das Handy wäre die Quelle allen Übels. Folglich wären alle Probleme damit gelöst, wenn Kindern und Jugendlichen kein Handy zur Verfügung stünde. Doch ganz so einfach ist es nicht. Denn schließlich stellen die Mobilfunkkosten bei den Kindern und Jugendlichen nach eigenen Angaben nicht einmal den größten Ausgabenposten dar. Egal, ob Junge oder Mädchen: Erst an achter Stelle nennen die 6- bis 19-Jährigen das Mobiltelefon, wenn sie nach der Verwendung ihres Taschengeldes befragt werden. Vorher kommen genau jene Ausgaben, die wir Eltern von heute noch aus unserer eigenen Kinder- und Jugendzeit bestens kennen dürften, nämlich für Süßigkeiten, Zeitungen und Zeitschriften, Aufkleber und Sammelkarten, Eis, CDs, Kino, Fastfood und Getränke.

Wie aber ist dann zu erklären, dass so viele junge Leute trotzdem durch das Handy in finanzielle Schwierigkeiten kommen und schließlich bei Netzbetreibern, Eltern und Gleichaltrigen in der Kreide stehen? Schuldnerberater meinen, die Antwort gefunden zu haben: Im Gegensatz zu allen anderen und in der Rangfolge viel weiter oben stehenden Ausgabenposten haben Jugendliche die aufgelaufenen Kosten zumindest für Vertragshandys nicht vor Augen. Die auflaufenden Beträge werden verdrängt, frei nach der Devise »aus den Augen, aus dem Sinn«. Anders als bei der Zeitschrift oder dem Eis oder der Kinokarte, die sofort und in bar zu bezahlen sind, summieren sich auf dem Gebührenkonto zunächst unsichtbare Beträge. Erst wenn die Rechnung vorliegt, wird das ganze Elend sichtbar.

Jede neue Handygeneration ist mit neuen technischen Möglichkeiten ausgestattet. Und diese wollen ihre Besitzer auch nutzen, ohne jedoch die Kosten genau im Blick zu haben.

Ein paar praktische Tipps zu den Handykosten

Auch wenn die Kosten für eine Gesprächsminute mit dem Handy oder fürs Empfangen von Logos oder Klingeltönen oft bekannt sind und in der Werbung genannt werden müssen: Für Kinder sind das abstrakte Zahlen, die ihr Vorstellungsvermögen sprengen. Da ist es ähnlich wie bei den Kreditkosten der Eltern: Natürlich wird vor Aufnahme des Darlehens geprüft, ob die Raten tragbar sind. Aber welche Gesamtkosten bis zur Rückzahlung des Darlehens anfallen, das erschließt sich den meisten nicht. Um den Kindern abstrakte Preise vorstellbar zu machen, sollten Eltern die Handygebühren in begreifbare Werte umrechnen. Beispiele dazu gibt es viele:

- Wenn du so lange telefonieren willst, wie du an einer Eiskugel schleckst, kostet das so viel wie zehn Kugeln Eis.
- Wenn du dir diesen Klingelton auf dein Handy lädst, kostet das dein Taschengeld für einen halben Monat und du kannst dir zwei Wochen nichts anderes kaufen.
- Dieses Logo für dein Handy ist so teuer wie ...

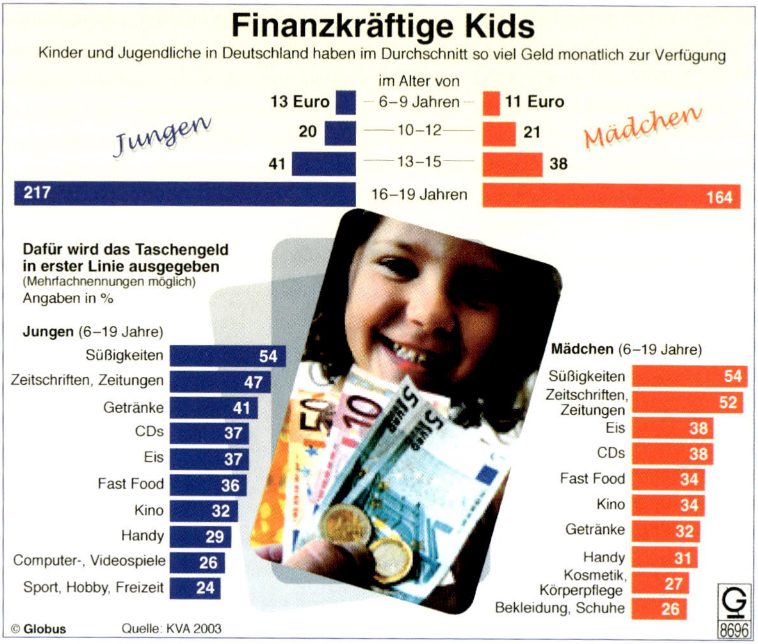

Am besten wählen Sie selbst den direkten Preisvergleich mit Dingen, die Ihrem Kind bekannt sind und die es besonders schätzt, egal, ob es die Lieblingszeitschrift oder der Hamburger ist. Bei jüngeren Kindern macht es außerdem Sinn, den Gegenwert, über den man gerade spricht, in Münzen auf den Tisch zu legen. Dann haben die Kinder buchstäblich vor Augen, um wie viel Geld es sich handelt.

Vereinbaren Sie mit Ihrem Kind, bereits bei der Auszahlung des Taschengeldes einen Teilbetrag für die monatlich anstehende Handyrechnung einzubehalten.

Der Apfel fällt nicht weit vom Stamm

»Aus den Augen, aus dem Sinn« – mit diesem Verhalten tappen die Jugendlichen in dieselbe Falle, die auch den Haushaltskassen vieler ihrer Eltern regelmäßig und häufig gegen Jahresanfang zum Verhängnis wird – wenn nämlich die Jahresrechnungen fast aller Versicherungen auf einen Schlag kommen. Alljährlich führt das in Millionen Familien zu einer angespannten Finanzlage, obwohl doch eigentlich bekannt ist, dass diese Rech-

nungen in etwa immer gleicher Höhe und zum selben Zeitpunkt im Briefkasten liegen. Genau wie die Jugendlichen ja auch wissen, dass an einem bestimmten Tag im Monat die Handyrechnung kommt – und sie zumindest in groben Zügen den Betrag abschätzen können (sollten).
Dennoch sind jugendliche Handynutzer und erwachsene Haushaltsvorstände gleichsam überrumpelt von den »unerwarteten« Ausgabenposten. Und hier schließt sich der Kreis und findet sich vielleicht die wahre Erklärung für die Gründe der Jugendverschuldung: Der Apfel fällt nicht weit vom Stamm. Denn auch die Eltern von heute, selbst aufgewachsen als Kinder der Wirtschaftswunder-Generation in der längsten Friedensphase, die Deutschland je erlebt hat, haben Probleme beim Auskommen mit dem Einkommen. Schließlich sind rund drei Millionen private Haushalte überschuldet, können also ihren laufenden Verpflichtungen nicht mehr nachkommen. Zu Beginn des Jahres 2003 schob jeder private Haushalt in der Bundesrepublik Deutschland nach den Statistiken der Bundesbank einen Schuldenberg von rund 39 600 Euro vor sich her. Allein bei den Konsumentenkrediten, etwa für den Kauf von Fernsehgeräten, Möbeln, Autos, für Urlaub oder einfach nur zur Umfinanzierung der auf Girokonten angehäuften Schulden, standen die Haushalte mit rund 195 Milliarden Euro bei Banken und Sparkassen in der Kreide. Damit haben sich die Verbindlichkeiten der privaten Haushalte gegenüber Geldinstituten von 1992 bis heute beinahe verdoppelt. Es gibt also nicht nur ein Problem der verschuldeten Jugend, sondern ebenso eines in weiten Bereichen der Generation ihrer Eltern.

Was Hans nicht gelernt hat …

Natürlich kann die Verschuldung von Kindern und Jugendlichen nicht völlig gleichgesetzt werden mit der von Erwachsenen. Denn bei den Erwachsenen sind es überwiegend die Zahlungen für Konsumentenkredite bzw. Ratenkäufe, die das wackelige Finanzgebilde zum Einsturz bringen können. Das trifft erst recht zu, wenn in Krisenzeiten durch den Wegfall von Schichtzulagen oder Überstundengeldern, durch den Umstieg auf Kurzarbeit oder gar durch Arbeitslosigkeit die gewohnten Einnahmen wegbrechen. Aber eine Verkettung gibt es eben doch, wie Schuldnerberater immer wieder feststellen. Und deshalb ist es durchaus zulässig, einmal das

Die aus den Medien bekannten hohen Arbeitslosenzahlen beunruhigen selbst diejenigen, die sich fest in Lohn und Brot wähnen, besonders dann, wenn sie Kreditverpflichtungen nachkommen müssen.

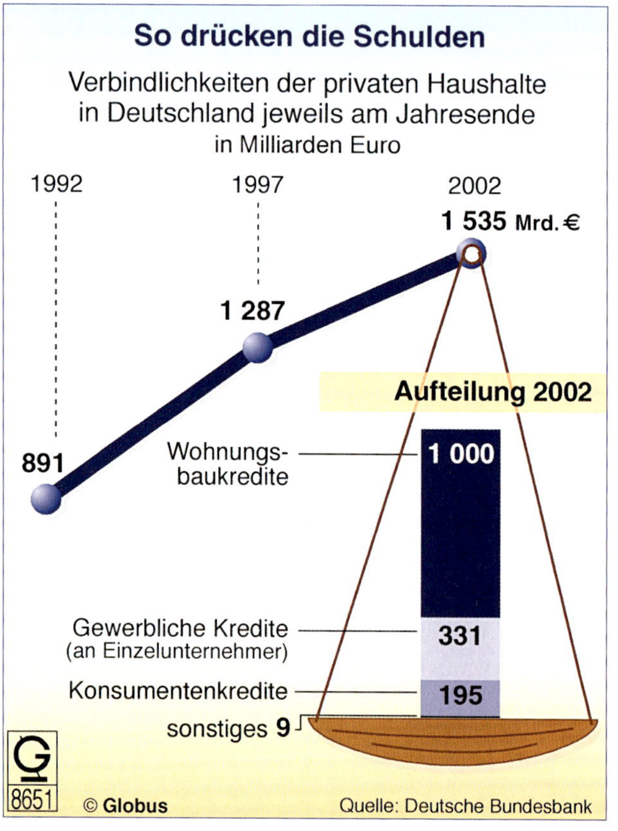

alte Sprichwort zu zitieren: »Was Hänschen nicht lernt, lernt Hans nimmermehr.«

Allerdings kommt hier vor allem der Umkehrschluss zum Tragen: Wie soll Hänschen können, was Hans ihm nicht beigebracht hat? Vermutlich haben auch die meisten Eltern von heute zu keiner Zeit von ihren Eltern – der Wirtschaftswunder-Generation – erfahren, dass Einkommen auch einmal sinken könnten und dass ein beständiges Mehr bei Einkommen und Wunscherfüllung nicht selbstverständlich vorausgesetzt werden kann. In der Tat ging die Rechnung nach dem Grundprinzip »heute besorgen und das Geld dafür borgen« bislang immer auf. Die Konsumschulden von gestern ließen sich also leicht aus dem verlässlichen Mehrverdienst von morgen abbezahlen. In dieser glücklichen Situation gerieten die von der heutigen Groß- und Urgroßelterngeneration zumeist noch hoch geschätzten Tugenden, etwa das Sparen für geplante Anschaffungen und das Zurücklegen von Reserven »für schlechte Zeiten«, aus der Mode, und die schlechten Zeiten gerieten in Vergessenheit. Mit der Wachstumsgesellschaft ist eben auch die Sorglosigkeit im Umgang mit den eigenen Finanzen gewachsen. Das ist es, was viele der heutigen Kinder und Jugendlichen von ihren Eltern gelernt haben.

Sind wir Eltern an allem schuld?

Nein, das wäre eine zu einfache Schlussfolgerung aus der Betrachtung von Jugend- und Familienverschuldung. Denn wenn wir Eltern die Schuld hätten, dann müsste man uns gleichzeitig auch eine aktive Täterrolle zusprechen. Tatsächlich aber sind viele Eltern mit ihrem Verhalten bezüglich Finanzen selbst eher als Opfer zu betrachten. Schließlich schien ja durch die bis vor kurzem noch mehr als großzügige Kreditvergabepolitik der Banken und Sparkassen ein Besorgnis erregender finanzieller Engpass sehr unwahrscheinlich, zumal stagnierende oder gar unfreiwillig reduzierte Einkommen bis zum Beginn der 1990er-Jahre hier zu Lande nahezu unvorstellbar waren. Alle Eltern dieser Welt aber wollen für ihre Kinder naturgemäß immer nur das Beste. Und so war die logische Konsequenz: Warum sollten wir, nachdem wir Eltern selbst doch vielfach die Disziplin im Umgang mit Geld schleifen ließen, bei unseren Kindern strengere Maßstäbe anlegen? Wie hätten Eltern es sich selbst gegenüber denn auch begründen sollen, für einen besonderen Wunsch zwar das eigene Girokonto locker zu überziehen, den Kindern aber einen erbetenen Nachschlag für die lange vor dem Monatsende leere Taschengeldkasse zu verweigern?

Neue Situationen erfordern neue Maßnahmen: Bleiben Sie bei Ihren Kindern konsequent, auch wenn Sie sich selbst von Ihrem Girokonto großzügiger als angemessen bedient haben.

»Unseren Kindern soll es gut gehen« und »Ich will meinen Kindern ermöglichen können, worauf ich früher verzichten musste«: Diese beiden nur zu gut verständlichen Überlegungen vieler Eltern sind es letztlich, die prägend gewirkt haben und die im Nachhinein dafür verantwortlich zu machen sind, wenn Kinder und Jugendliche mit ihrem eigenen Geld nicht vernünftig umgehen können.

Machen Sie alles richtig beim Taschengeld?

Vielleicht haben Sie sich gelegentlich bereits selbst diese Frage gestellt, ohne jedoch eine befriedigende Antwort darauf zu finden. Die folgende Checkliste könnte Ihnen nun dabei behilflich sein. Kreuzen Sie an, welche Punkte auch auf Ihre Familie zutreffen. Je mehr Aussagen Sie ankreuzen, desto größer ist die Wahrscheinlichkeit, dass auch Ihre Kinder früher oder später Schwierigkeiten mit dem Wirtschaften bekommen, schlimmstenfalls sogar irgendwann in eine bedrohliche Verschuldungsspirale geraten können. Denn die angesprochenen Verhaltensweisen schmälern die Eigenverantwortlichkeit der Kinder für ihr Geld; eine konkrete Gelderziehung kann somit nicht stattfinden.
Auf die einzelnen Punkte dieser Checkliste kommen wir in den nächsten Kapiteln noch ausführlich zu sprechen.

Checkliste

- Unsere Kinder bekommen keinen festen Betrag für eine genau definierte Zeitspanne (Woche/Monat).
- Wir gewähren Vorschüsse oder Nachschläge, wenn das Taschengeld vor Wochen- oder Monatsende verbraucht ist.
- Unsere Kinder dürfen über Geldgeschenke zu besonderen Anlässen völlig frei verfügen.
- Außer von uns Eltern bekommen unsere Kinder auch noch von Großeltern oder anderen Verwandten regelmäßig Geld zugesteckt, dessen Verwendung sich unserer Kontrolle entzieht.
- Wir haben nicht festgelegt, was unsere Kinder grundsätzlich von ihrem Taschengeld bezahlen müssen.
- Unsere Kinder bekommen Taschengeld in einer Höhe, die unser monatliches Familieneinkommen eigentlich nicht zulässt – aber wir möchten unseren Kindern unsere Finanzprobleme nicht offenbaren.
- Auch größere Wünsche unserer Kinder, die über den notwendigen Bedarf hinausgehen, werden von uns außerhalb der Reihe (also nicht nur zu besonderen Anlässen wie Geburtstag oder Weihnachten) und ohne eigenen Beitrag unserer Kinder erfüllt.
- Unsere Kinder bekommen, weil es unsere Finanzlage erlaubt, ein weit über dem Durchschnitt liegendes Taschengeld.

Fehler von gestern – Chancen für morgen

Ganz falsch aber wäre es nun, sich mit Selbstvorwürfen zu überschütten, wenn die Kinder vor einem stehen und sich offenbaren: »Mama, ich bin pleite!« Ebenso falsch wäre es, jetzt mit Brachialgewalt die Notbremse ziehen und bei der womöglich bisher zu sorg- oder gedankenlosen Taschengelderziehung aus der Schussfahrt heraus eine Kehrtwendung um 180 Grad vollführen zu wollen. Denn der Umgang mit Geld muss von den Kindern ebenso erlernt werden wie das Essen mit Messer und Gabel oder das Prozentrechnen. Das hat bisher noch kaum jemand von heute auf morgen geschafft. Und bei jedem Lernprozess sind bekanntlich Erfolge und Misserfolge zu verzeichnen.

Doch solange sich Geldprobleme bei den Kindern in der Phase zeigen, in der Sie als Eltern noch mit helfender und schützender Hand eingreifen können, sollten Sie das als Chance sehen. Noch kann gegengesteuert werden, noch kann manche Gedankenlosigkeit korrigiert und manches Versäumnis der Vergangenheit wettgemacht werden. Je eher, desto besser, damit nicht schon mit dem Eintritt in die Volljährigkeit oder gar bereits in früher Jugend der Grundstein für eine Karriere als ewiger Schuldner gelegt ist. Eine traurige Karriere! Ihr können einzig und allein die Eltern entgegenwirken, indem sie durch eine realitätsnahe Erziehung ihre Kinder früh lehren, überlegt und sinnvoll mit ihrem Geld zu wirtschaften. Das gelingt umso besser, je mehr sich Kinder am Vorbild der Eltern orientieren können. Gehen Sie also mit Ihren eigenen Finanzen möglichst so um, wie Sie es sich von Ihren Kindern mit deren Geld wünschen.

Kinder müssen Fehler machen und aus ihren Fehlern lernen dürfen. Jede eigene Erfahrung bringt sie unserem Erziehungsziel, mit Geld vernünftig zu haushalten, näher.

Dieses Buch möchte Anregungen geben, wie Sie Ihren Sprösslingen eine vernünftige Einstellung zum Geld vermitteln und welche Voraussetzungen Sie schaffen können, um sie vor früher Verschuldung zu bewahren. Patentlösungen für alle und für jeden Fall sind kaum möglich. Aber Denkanstöße werden Sie viele finden – aus der Praxis für die Praxis. Und bei all dem sollten wir niemals vergessen: Geld ist nicht alles und Geld allein macht nicht glücklich!

Die Familienfinanzen – alles okay bei Ihnen?

Eltern sind Vorbilder – deshalb können wir uns nicht mit den Finanzen und Finanzproblemen unserer Kinder beschäftigen, ohne einen Blick auf die eigene Haushaltskasse und das eigene Finanzverhalten zu werfen. Denn ohne unser Zutun und ohne es selbst bewusst wahrzunehmen, spiegeln sich viele unserer Verhaltensweisen und Denkmuster später im Finanzverhalten unserer Kinder wider.

Die Mutter als Familien-Finanzministerin

Geld ist Männersache – dieses alte Vorurteil gehört schon lange in die Mottenkiste. Denn mittlerweile sind in 60 Prozent aller Familien Frauen für die Einkaufs-, Haushalts- und Finanzplanung zuständig. Dies ist zumindest das Ergebnis einer Studie der Universität Bielefeld, die sich in Teilen mit der aktuellen »Frauenstudie« der Commerzbank deckt.

An den steigenden Fixkosten wie Miete und Heizung, Strom und Versicherungen kann nicht gespart werden. Die Mehrausgaben für Lebensmittel dagegen schlagen kaum zu Buche.

Bei der »Geldbildung« unserer Kinder fällt also den Müttern die entscheidende Rolle zu. Als Finanzministerinnen der Familien erkennen Frauen viel eher als ihre Männer die Notwendigkeit einer gezielten Planung in Geldfragen. Männer zeigen in diesem Punkt erheblich größere Defizite. Ratloser als Frauen stehen sie vor der Frage, in welche Kanäle eigentlich das Geld geflossen ist, das am Monatsanfang noch auf dem Konto war. Und bei der Frage bleibt es meist auch, ohne jeglichen Versuch, darauf eine Antwort zu finden, jeden Monat aufs Neue.

Doch die Erfahrungen der Etatberater von Verbraucherzentralen und Schuldnerberatungsstellen der letzten Jahre geben zu Besorgnis Anlass: Zunehmend läuft auch vielen Frauen die Finanzplanung aus dem Ruder. Gründe dafür sind einerseits die bereits seit Anfang der 1990er-Jahre rückläufigen real verfügbaren Nettoeinkommen. Denn eventuelle Steigerungen der Bruttogehälter wurden durch parallel angehobene Sozialbeiträge und die in einigen Bereichen geradezu explodierten Lebenshaltungskosten aufgezehrt. Während kurz nach der Euro-Einführung noch vonseiten der Wirtschaftsexperten behauptet wurde, die Teuerung sei hauptsächlich »gefühlt« und nicht real, hat sich mittlerweile gezeigt, dass sich seit der Währungsumstellung tatsächlich fast alle Waren und Dienstleistungen verteuert haben – von wenigen Ausnahmen abgesehen. Andererseits hat sich die Gewichtung der einzelnen Ausgabenbereiche schleichend, aber deutlich verschoben.

Ganz neue Belastungen für die Haushaltskasse

Ein typisches Beispiel für die veränderte Gewichtung bei den Lebenshaltungskosten sind die Ausgaben für Lebensmittel im Vergleich zu denen für Verkehr oder Nachrichtenübermittlung. Bei den Grundnahrungsmitteln ist in den letzten Jahren vor allem durch die Preisschlachten der Discounter kaum eine spürbare Steigerung eingetreten. Gleichzeitig aber sind vor allem die Energiekosten und damit beispielsweise auch die Ausgaben für das Auto und die vom Statistischen Bundesamt unter dem Posten »Nachrichten« verbuchten Ausgaben überdurchschnittlich gestiegen. Und es sind ganz neue Ausgabenbereiche hinzugekommen, die viele Familien in ihrer ursprünglichen Finanzplanung nicht vorgesehen hatten.

Auch wenn Sie Ihre Finanzen selbst ganz fest im Griff und die Ausgaben für Kommunikation bereits früh eingeplant haben, ist es interessant, sich die finanzielle Situation, wie sie sich in vielen anderen Familien darstellt, zu vergegenwärtigen. Drei Beispiele veranschaulichen die neuen finanziellen Belastungen besonders deutlich:

- In jeder Familie gibt es nach den letzten Marktstudien der vier Mobilnetz-Betreiber mittlerweile mindestens zwei Handys. Damit wird der heutige Familienetat im Vergleich zum Anfang der 1990er-Jahre mit monatlichen Ausgaben von durchschnittlich rund 60 Euro zusätzlich belastet. Die Kosten für den parallel vorhandenen Festnetzanschluss fallen selbstverständlich weiterhin an.
- In jeder zweiten Familie gibt es inzwischen einen Internetanschluss. Die monatlichen Durchschnittskosten dafür liegen in Deutschland nach einer aktuellen OECD-Studie bei rund 25 Euro. Hierbei handelt es sich ebenfalls um einen zusätzlichen Ausgabenposten, der vor zehn Jahren praktisch noch gar nicht vorhanden war.
- Rund drei Millionen Familien leisten sich außerdem einen Anschluss für Pay-TV. Wer beispielsweise beim Bezahlsender »Premiere« das Komplettpaket bucht, der belastet seine Haushaltskasse monatlich um mehr als 40 Euro. Vertrauliche Studien des Senders belegen übrigens, dass ein erheblicher Teil der Abonnenten finanziell weniger gut gestellt ist.

Die modernen Kommunikationsmittel haben sich so schnell und flächendeckend verbreitet, dass selbst die davon profitierende Industrie überrascht war.

Aber woher kommt nun das Geld für diese zusätzlichen Ausgaben angesichts der Tatsache, dass die verfügbaren Nettoeinkommen nicht gestiegen sind? Natürlich aus Einsparungen an anderer Stelle – das wäre eine nahe liegende Erklärung. Doch die Etatberater in den Verbraucherzentralen und die Mitarbeiter der Schuldnerberatungsstellen wissen es besser und haben die richtige Antwort: Viele dieser Ausgaben werden, nicht selten unbewusst, auf Pump finanziert, indem sie einfach dem Girokonto belastet werden, das damit immer tiefer in die roten Zahlen läuft. Und das einmal so begonnene Desaster nimmt irgendwann bedrohliche Ausmaße an.

Überziehungskredite – echte Geldvernichtungsmaschinen

Bei knapp 200 Euro pro Monat liegt die durchschnittliche Belastung eines Haushalts durch Konsumkredite. Und dabei handelt es sich im Normalfall um die klassischen Ratendarlehen für Anschaffungen. Doch in Wirklichkeit kommt für viele Familien noch eine weitere Belastung hinzu, die in diesen Zahlen nicht enthalten ist: die Belastung durch die Überziehung des Girokontos. Wie schnell sich daraus – je nach Zinssatz und Überziehungsbetrag – eine weitere monatliche Belastung der Haushaltskasse um 25 oder auch 50 Euro ergeben kann, ist vielen gar nicht bewusst. Das aber macht die Tabelle auf der folgenden Seite deutlich. Sie zeigt auch, wie sinnvoll es wäre, das Minus auf dem Girokonto durch ein innerhalb von drei Jahren zurückzuzahlendes Ratendarlehen bei der Bank abzulösen. Zwar steigt für die Rückzahlungsdauer die monatliche Belastung, weil neben den reinen Zinsen auch die Tilgung anfällt. Aber nach drei Jahren wäre die Umschuldung erledigt, während die fortgesetzte Überziehung des Kontos zu einer dauerhaften Belastung des Etats führen und nach sechs bis neun Jahren die gesamten Zinszahlungen sogar die Höhe des Überziehungsbetrages übersteigen würden. Schon daran können wir sehen, dass es sich bei den vermeintlich günstigen und flexiblen Kontoüberziehungen um eine Geldvernichtungsmaschine handelt. Nach den Erfahrungen von Geldinstituten und Verbraucherberatungsstellen lässt sich ein einmal überzogenes Konto kaum noch »nebenbei« durch die laufenden Eingänge ausgleichen, sobald es mit mehr als einem halben Monats-Nettoeinkommen in den roten Zahlen steht.

Die Kontoabrechnungen der Kreditinstitute erfolgen in der Regel vierteljährlich. Schon die wegen Überziehung anfallenden Zinsen können das Budget deutlich belasten.

Die Zinsfalle bei Kontoüberziehung: So teuer wird ein Minus von 2500 Euro

Art Ihrer Geldbeschaffung	Effektiver Jahreszins	Höhe der durchschnittlichen monatlichen Zahlungen			Gesamte Zinsen in 3 Jahren
		Zinsen	Tilgung	Gesamtrate	
2500 Euro als genehmigte Überziehung des Kontos	12,5 %	26,04 €	Keine	26,04 €	937,44 €
2500 Euro als zur Hälfte genehmigte Überziehung	12,5 / 17,5 %	31,25 €	Keine	31,25 €	1125,00 €
2500 Euro als ungenehmigte Überziehung	17,5 %	36,46 €	Keine	36,46 €	1312,56 €
Günstiger 2500 Euro-Ratenkredit	8 %	8,38 €	69,44 €	77,82 €	301,52 €
Teurer 2500 Euro-Ratenkredit	11,5 %	12,22 €	69,44 €	81,66 €	439,76 €

Disziplin im Umgang mit Geld ist für alle wichtig

Vielleicht sind Sie überrascht, wenn wir hier die Familienfinanzen und das Ausgabeverhalten der Eltern zum Thema machen. Eigentlich hatten Sie zu diesem Buch gegriffen, weil Sie Ihr Kind beim Umgang und beim Auskommen mit seinem Geld unterstützen und sich dafür Anregungen holen wollten. Doch das eine ist untrennbar mit dem anderen verbunden. Die Disziplin der Eltern im Umgang mit ihren eigenen Finanzen wirkt sich nämlich ganz erheblich auf die »Geldbildung« aus, die sie ihren Kindern angedeihen lassen. Und zwar unabhängig davon, ob das Familieneinkommen hoch oder niedrig ist. Vor allem zwei direkte Zusammenhänge spielen dabei eine entscheidende Rolle:

- Eine große Disziplin und Umsicht bezüglich der vorhandenen Finanzen der Eltern bewirkt in den meisten Fällen, dass auch die Kinder bereits sehr früh lernen, gut mit dem ihnen zur Verfügung stehenden Etat auszukommen. In diesen Familien wird üblicherweise offen über Geld gesprochen.

- Ein eher lockerer Umgang der Eltern mit ihrem Geld führt dagegen in der Mehrzahl aller Fälle dazu, dass auch ihre Kinder recht undiszipliniert mit den eigenen Finanzen umgehen. Sie sind es gewohnt, dass ihre Eltern schnell Hilfe leisten und sich leicht weich klopfen lassen, wenn es um die Lösung finanzieller Probleme geht. »Ja, soll ich denn etwa nicht helfen, wenn mein Kind Probleme mit seinem Geld bekommt?«, könnte jetzt die Frage lauten. Die Antwort kann nur sein: Natürlich sollen Sie helfen. Aber aus falsch verstandener Fürsorge und Hilfsbereitschaft geht diese Hilfe in vielen Fällen in die falsche Richtung. Es kann nämlich nicht damit getan sein, dass Eltern ihrem Kind die finanziellen Schwierigkeiten abnehmen, indem sie dessen aktuellen Engpass beseitigen. Denn die Kinder erhalten das falsche Signal: Wieso sollten sie sich beim nächsten Mal die aufwändige Hifi-Anlage verkneifen, wenn die Eltern ohnehin wieder sofort die Brieftasche zücken?

Disziplin heißt auch Verlass auf verbindliche Absprachen. Überraschungen, sowohl positive als auch negative, verunsichern.

Fehler der Eltern zum Schaden der Kinder

Um unsere Kinder vor Geldproblemen zu schützen, müssen wir ihnen richtiges Wirtschaften vermitteln. Und das lässt sich nur mit Konsequenz und einer unvermeidlichen Portion Hartnäckigkeit seitens der Eltern er-

Fehler, die Eltern vermeiden sollten

- Zu viel Großzügigkeit, weil Kinder dann den Überblick verlieren und keinen vernünftigen Konsum lernen
- Zu wenig Taschengeld, weil auch dann der Wert des Geldes eine falsche Bedeutung erhält
- Taschengeldzahlungen ohne festen Zeitplan, sodass Kinder ihre Eltern bei Bedarf darum bitten müssen
- Taschengeldzahlung als Prämie für Wohlverhalten, weil z. B. ein anständiges Sozialverhalten der Kinder selbstverständlich sein sollte
- Taschengeldkürzung als Bestrafung, etwa für schlechte Schulnoten oder Fehlverhalten
- Übertriebene Kontrolle der Eltern, Einmischung in die Ausgaben und Zwang zum Sparen
- Sonderzahlungen oder Vorschüsse, wenn das Kind mit seinem Geld nicht auskommt

Wenn unsere Ansprüche steigen, müssen wir mehr Geld verdienen, um sie befriedigen zu können. Diesen Zusammenhang verstehen auch Kinder sehr gut.

reichen. Doch es gibt eine ganze Reihe typischer Fehler, die wir Eltern im Zusammenhang mit dem Taschengeld und bei Finanzproblemen unserer Kinder machen können.

Damit Kinder den Umgang und vor allem das Auskommen mit ihrem Einkommen lernen, ist weder übertriebene Großzügigkeit noch an Geiz grenzende Härte sinnvoll. Das Ziel ist ja, unsere Kinder auf ein eigenverantwortliches Handeln im Umgang mit planbarem Geld vorzubereiten. Gerade deshalb aber wäre es völlig falsch, mal eben in die eigene Tasche zu greifen und das Finanzproblem des Kindes durch eine Sonderzahlung zu lösen.

Das sollten Sie im Auge behalten

- Taschengeld kann die Zuwendung der Eltern nicht ersetzen. Der Mangel an Liebe, Geborgenheit und Zeit ist einer der Hauptgründe für eine Flucht in den Konsumrausch junger Menschen.
- Die Höhe des Taschengeldes sollte dem Alter des Kindes und den wirtschaftlichen Verhältnissen der Familie angemessen sein – zu wenig ist ebenso falsch wie zu viel.
- Beispielhaftes Verhalten der Eltern im Umgang mit Geld und im Konsumverhalten allgemein wird von Kindern übernommen. Deshalb ist es wichtig, den Kindern zu erklären, warum wir als Eltern uns bestimmte Wünsche (noch) nicht erfüllt haben oder gerade erst jetzt erfüllen können: »Dafür haben wir noch nicht genug Geld gespart« – »Das können wir uns leisten, weil wir lange dafür gespart haben« – »Diesen Wunsch können wir uns jetzt erfüllen, weil wir etwas extra dazuverdient haben.«
- Zum Sparen sollten wir unsere Kinder zwar motivieren – es wäre aber falsch, einen übertriebenen Sparzwang zu propagieren. Erklären Sie Ihrem Kind, wie schnell es sich größere Wünsche erfüllen könnte, wenn es jeden Monat nur einen kleinen Teil seines Taschengelds auf sein Sparbuch einzahlen würde. Stellen Sie ihm eine angemessene Belohnungsprämie in Aussicht, wenn das Sparziel erreicht ist.
- Den Zusammenhang zwischen Geld und Arbeit sollten Eltern möglichst früh deutlich machen. Dass Geld und Konsum in der Regel erst nach persönlicher Leistung möglich sind, spüren unsere Kinder am besten dann, wenn sie einen altersgemäßen Nebenjob annehmen und sich mit diesen Einnahmen Extrawünsche erfüllen können.

Denn wer soll später diese Sonderzahlung leisten, wenn das Kind auf eigenen Füßen steht? Und wenn nicht mehr Eltern, Großeltern oder andere Verwandte als Problemlöser in Erscheinung treten? Der Chef wird garantiert keinen Gehaltszuschlag auf das strapazierte Konto des Sprösslings überweisen. Und ganz sicher ist auch nicht damit zu rechnen, dass ihm seine Bank auf freundliches Kopfnicken hin einen Schuldenerlass gewährt oder das tief in den roten Zahlen stehende Konto auf eine schwarze Null zurückschraubt.

Ist ein Kind nicht von klein auf für diese Zusammenhänge sensibilisiert, wird es später immer schwieriger, ihm den sinnvollen Umgang mit Geld beizubringen.

Und die richtige Unterstützung für unsere Kinder?

Nicht nur das Auskommen mit ihrem Einkommen sollen Kinder und Jugendliche lernen. Wichtig ist auch, dass sie ein gesundes und realistisches Verhältnis zur Bedeutung des Geldes entwickeln. Denn es wäre blauäugig, dem Kind die Wirklichkeit der heutigen materiell und vom Konsumgedanken geprägten Gesellschaft so lange wie möglich ersparen zu wollen. Im Gegenteil: Je früher Ihr Kind damit konfrontiert wird, desto einfacher und problemloser wird es sich in seinem Leben zurechtfinden.

Die meisten Eltern werden den Überlegungen im nachfolgenden Kasten vorbehaltlos zustimmen – und gleichzeitig wissen, dass sie sich manchmal ein bisschen selbst betrügen. Denn wir verhalten uns eben auch nicht immer so, wie wir es uns vorgenommen haben. Ein bisschen Selbstbetrug ist zwar nicht schlimm. Aber wenn wir unseren Kindern Vorbild sein wollen, kann fehlende Konsequenz alle noch so großen Anstrengungen schnell zunichte machen.

Sind Sie Ihren Kindern ein gutes Vorbild?

Auf diese Frage und noch dazu aus dem Stegreif objektiv zu antworten, wird nur den wenigsten von uns gelingen. Wunsch und Wirklichkeit klaffen manchmal eben ein Stück auseinander. Anhand des folgenden Tests können Sie feststellen, wie es um Ihre Vorbildfunktion bestellt ist. Beantworten Sie dazu die Aussagen mit »Ja« oder »Nein«:

Wir wissen alle, wie wichtig es ist, Vorbild in weit reichenden Finanzangelegenheiten zu sein. Aber auch die Alltagsfinanzen sollten wir vorbildlich handhaben.

Test: Vorbild – ja oder nein?

Ja Nein

- ❑ ❑ Ich mache mir mindestens einmal pro Monat auf den Cent genau klar, wo ich finanziell stehe.
- ❑ ❑ Ich habe einen Finanzplan für meine Familie aufgestellt, in dem festgehalten ist, welche monatlichen Ausgaben wofür geplant sind.
- ❑ ❑ Für Zahlungen, die vierteljährlich oder jährlich fällig sind, lege ich regelmäßig ausreichend Geld zurück.
- ❑ ❑ Mir ist bewusst, dass ich gelegentlich auch Geld für unsinnige oder überflüssige Dinge ausgebe.
- ❑ ❑ Wenn ich meine Kredit- oder Maestro-Karte (früher EC-Karte) für bargeldlose Einkäufe nutze, hebe ich in diesem Monat entsprechend weniger in bar ab.
- ❑ ❑ Ich prüfe meine Kontoauszüge sehr gründlich.
- ❑ ❑ Im Supermarkt überprüfe ich, ob die Kassiererin falsche Beträge eingetippt hat.
- ❑ ❑ Ich weiß, dass keine Bank auf allen Gebieten die günstigste ist, deshalb nehme ich nicht automatisch Kredite dort auf, wo ich mein Konto führe. Dasselbe gilt für Geldanlagen. Ich vergleiche grundsätzlich die Konditionen.
- ❑ ❑ Ich spare jeden Monat etwas an, auch wenn es manchmal nur Kleinbeträge sind. Ich gebe aus Prinzip nicht mein ganzes Geld aus.

Ja Nein

- ❑ ❑ Auf meinem Girokonto lasse ich nie mehr Geld, als für die von dort abgehenden Beträge notwendig ist.
- ❑ ❑ Für höhere bargeldlose Zahlungen ist mein Konto gedeckt.
- ❑ ❑ Ich weiß im Kopf auf 20 Euro genau, wie viel Geld ich auf meinem Konto habe.
- ❑ ❑ Ich zahle Rechnungen meist erst, wenn ich gemahnt wurde.
- ❑ ❑ Auch als meine Bank mein Kreditlimit erhöht hat, habe ich mein Ausgabeverhalten nicht geändert.
- ❑ ❑ Ich weiß, wie viel Geld mein Kind zu besonderen Anlässen wie Geburtstag oder Weihnachten geschenkt bekommt.
- ❑ ❑ Mein Kind bekommt jeden Monat einen festen Taschengeldbetrag und muss damit auskommen, Vorschüsse gibt es bei uns nicht.
- ❑ ❑ In unserer Familie gibt es konkrete Planungen, wann sich welche Wünsche wie erfüllen lassen. Wir leisten uns keine größeren Anschaffungen spontan, wenn das Geld dafür nicht vorhanden ist.
- ❑ ❑ Zusatzaufgabe: Schätzen Sie, wie viel Bargeld Sie im Portemonnaie haben, und zählen Sie es anschließend nach. Haben Sie die Summe mit einer Abweichung von maximal 15 Prozent nach oben oder unten korrekt geschätzt?

Was sagt Ihnen das Testergebnis?

Geben Sie sich für jede mit »Ja« beantwortete Aussage einen Punkt und ziehen Sie von der Summe drei Punkte ab, wenn Sie bei der Zusatzfrage eine Abweichung von mehr als 15 Prozent nach oben oder unten festgestellt haben.

- **Weniger als zwölf Punkte:** Sie drehen nicht jedes Geldstück mehrmals um, ehe Sie es ausgeben. Je weiter Ihre Punktzahl unter zwölf liegt, desto häufiger laufen Sie Gefahr, Ihre eigenen Finanzen aus den Augen zu verlieren. Dasselbe droht allerdings auch bei den Erziehungszielen, die Sie sich gesteckt haben. Je lockerer Sie selbst mit dem Geld umgehen, desto großzügiger handhaben Sie manchmal wohl auch die Angelegenheit Taschengeld für Ihr Kind. Ihre eigentlich klar umrissenen Prinzipien könnten dann schnell einmal davonschwimmen. Durch zu viel Nachgiebigkeit wird Ihr Kind nur schwer lernen, sein Taschengeld vernünftig einzuteilen und damit richtig zu wirtschaften.
- **Mehr als zwölf Punkte:** Das deutet darauf hin, dass Sie Ihre Finanzen stets im Blick behalten und sich kaum zu unüberlegten Entscheidungen hinreißen lassen. Je höher Ihre Punktzahl über zwölf liegt, desto größer ist allerdings die Gefahr, dass Sie zu stur an Ihren Prinzipien festhalten und zu viel Strenge in Sachen Taschengeld an den Tag legen. Das könnte dazu führen, dass Ihr Kind es nicht wagt, mit Ihnen über seine Geldprobleme zu sprechen. Legen Sie also keine zu harten Maßstäbe an: Es ist noch kein Meister vom Himmel gefallen. Ihr Kind befindet sich vielleicht mitten in der Lernphase, und die Sache mit dem Geld mussten auch wir erst recht mühsam lernen.

Wenn Sie mit Ihrem Testergebnis nicht zufrieden sind, sollten Sie überlegen, woran Sie arbeiten wollen, um Ihren Kindern in Zukunft ein gutes Vorbild zu sein.

Die Taschengeld-Erziehungsgrundsätze

Die wichtigste Aufgabe des Taschengeldes sollte nicht sein, dass Kinder ohne Abstimmung mit den Eltern selbst entscheiden, welche Wünsche sie sich erfüllen. Vielmehr trägt das Taschengeld in ganz erheblicher Weise zur Persönlichkeitsbildung bei. Kinder sollten Taschengeld bekommen, damit

- sie sich ernst genommen fühlen, weil ihnen zugetraut wird, eigenes Geld zu verwalten.
- sie lernen, ihr Geld einzuteilen und damit auszukommen.
- sie an Dingen, die sie interessieren, den Wert des Geldes kennen lernen.

Geld ist Vertrauenssache. Das können wir Kindern bereits mit Taschengeld vermitteln.

- sie die Erfahrung machen, dass Geld sehr schnell weg sein kann, wenn man es unüberlegt ausgibt und
- sie sich anderen Kindern gegenüber nicht benachteiligt fühlen, auch wenn die Höhe des Taschengelds unterschiedlich sein kann.

Diese Ziele lassen sich jedoch nur erreichen, wenn das Taschengeld dem Kind zur freien Verfügung steht und nicht von den Eltern zweckbestimmt ist oder gar Verboten und Kontrollen unterliegt. Deshalb sollten sich Eltern so wenig wie möglich einmischen. Dieser Punkt ist besonders wichtig, weil Kinder nur dann

- wirklich selbstständig und eigenverantwortlich handeln können.
- ihre eigenen positiven und negativen Erfahrungen machen und aus ihren Fehlern lernen können und
- Freude am eigenen Wirtschaften entwickeln können.

Wichtigste Voraussetzung für positive Lerneffekte aber bleibt, dass das Taschengeld regelmäßig und stets in gleicher Höhe gezahlt wird, damit das Kind verlässlich planen kann.

Wofür Taschengeld, wofür nicht – und ab wann?

Die Verwendung des Taschengeldes sollte ganz dem Kind überlassen werden, die Gründe dafür haben Sie gerade gelesen. Es kann ausgegeben werden für Süßigkeiten, Zeitschriften, CDs, Bücher, Videos, Spielwaren, Kino, Jahrmarkt, Handykarte, Sport-, Spiel- und Freizeitaktivitäten sowie alle Vergnügungen »nebenbei«, die Eltern nicht bezahlen wollen oder können. Nicht geeignet ist das Taschengeld dagegen für notwendige Ausgaben wie Fahrgeld zum Sportverein oder Schulbedarf. Denn damit würde es sich nicht mehr um Geld zur freien Bestimmung handeln. In den wenigsten Fällen macht es allerdings Sinn, dem Kind zusätzlich zum Taschengeld eine weitere feste Summe für genau festgelegte Ausgaben zur Verfügung zu stellen und es mit zwei Geldpaketen wirtschaften zu lassen. So etwas ist frühestens ab dem zwölften Geburtstag zu überlegen, jüngere Kinder sind damit in der Regel überfordert.

Nun war schon mehrfach die Rede von einem möglichst frühen Beginn mit Taschengeldzahlungen. Damit ist gemeint, dass Kinder etwa ab dem Alter von fünf Jahren regelmäßig Taschengeld erhalten sollen, in jedem Fall aber mit der Einschulung. In diesem Entwicklungsstadium bekommen sie ein Gefühl für den Wert und Gegenwert des Geldes und sind stolz darauf, ihr »Vermögen« selbst verwalten und Kaufentscheidungen nach eigenem Gusto treffen zu können. Auch jüngere Kinder brauchen eben diesen Freiraum, genau jene Dinge zu erstehen, die ihnen wichtig sind, auch wenn es sich in den Augen der Eltern um unsinnige Käufe handelt. Es empfiehlt sich allerdings, das Taschengeld wöchentlich auszuzahlen, denn längere Zeiträume können Kinder in diesem Alter kaum überblicken.

Taschengeld ist für jene Dinge bestimmt, die unserem Kind gerade am wichtigsten sind. Die Erfahrungen zeigen, dass diese sich schnell wandeln. Für Eltern häufig ein Trost!

Taschengeld im Lot zum Familieneinkommen?

Aus einer Vielzahl von Studien und regelmäßig erstellten Kinder-Verbraucheranalysen geht hervor, wie viel Taschengeld Kinder, bezogen auf die verschiedenen Altersgruppen, im Durchschnitt erhalten. Damit haben verunsicherte Eltern einen guten Anhaltspunkt für ihre eigenen Zahlungen. Denn sowohl ein zu geringes als auch ein deutlich höheres Taschengeld kann Kinder zu Außenseitern machen.

Selbst wenn Eltern über sehr gute finanzielle Möglichkeiten verfügen, ist eine Taschengeldhöhe im mittleren Rahmen schon deshalb sinnvoll, um Neid und Missgunst bei Gleichaltrigen erst gar nicht aufkommen zu lassen.

Außerdem verringert sich die Gefahr, dass das Kind von falschen Freunden ausgenutzt wird. Vor allem aber sollten sich wohlhabende Eltern über die Langzeit- oder Spätfolgen eines Luxus-Taschengeldes im Klaren sein. Denn spätestens bei seinem Ausbildungs- oder Berufseintritt könnte der junge Mensch feststellen, dass sich der Budgetunterschied zu vorher nicht gerade spürbar auswirkt. Und ohne finanziellen Anreiz könnte er sich über kurz oder lang fragen, weshalb er eigentlich arbeitet.

Nun zeigen allerdings verschiedene Studien, dass es ein Irrtum ist, zu glauben, Kinder reicher Eltern bekämen automatisch auch mehr Taschen-

Mittelwerte für Taschengeld

5–6 Jahre: bis 1 Euro wöchentlich	10–11 Jahre: 12 bis 15 Euro monatlich
6–7 Jahre: 1,5 bis 2 Euro wöchentlich	12–13 Jahre: 15 bis 20 Euro monatlich
8–9 Jahre: 2,5 bis 3 Euro wöchentlich	14–15 Jahre: 25 bis 30 Euro monatlich
	16–18 Jahre: 30 bis 50 Euro monatlich

geld. Tatsächlich zeigt sich oft gerade in besser situierten Familien, in denen Fleiß und vernünftiger Umgang mit Geld erst den vorhandenen Wohlstand gebracht haben, dass das Taschengeld eher knapp bemessen wird. Offenbar soll bei den Kindern der Ehrgeiz geweckt werden, auch Leistung zu erbringen und aus eigener Kraft etwas zu erreichen.

Nur Mut: Durchschnittswerte sind kein Muss

Gerade Eltern mit einem geringen Einkommen orientieren sich oft sklavisch an den Taschengeld-Statistiken. Doch dies ist falsch. Etwa ab dem zehnten Lebensjahr sollten Eltern offen mit ihren Kindern über die finanzielle Situation in der Familie sprechen und erklären, dass die Höhe des Taschengeldes eben auch davon abhängig ist. Durch eine für Kinder nachvollziehbare Begründung werden diese eher einsehen, warum sie weniger Taschengeld bekommen als vielleicht ein Teil ihrer Freunde.
Werden die finanziellen Verhältnisse in der Familie zum Thema gemacht, stärkt das sogar die Vertrauensbasis zwischen Eltern und Kind. Allerdings fehlt uns Eltern gelegentlich der Mut für solche Gespräche. Weshalb eigentlich?

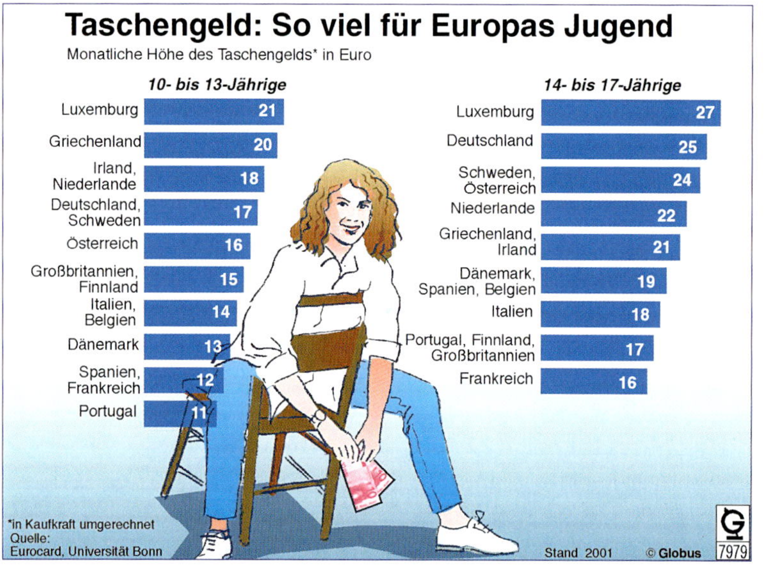

Häufig sind Erwachsene mit drückenden Schulden nicht einmal ehrlich sich selbst gegenüber. Der Kinder wegen sollten sie jedoch versuchen, das belastende Thema zu erörtern. Nur wenn unsere Kinder verstehen, weshalb sie im Vergleich zu Gleichaltrigen ein bedeutend geringeres Taschengeld haben, können sie mit dieser Situation selbstbewusst umgehen und fühlen sich nicht benachteiligt. Aus dem gleichen Grund sollte ein Kind auch rechtzeitig auf eine anstehende Verschlechterung des Familienetats vorbereitet werden. Je älter das Kind ist, desto eher wird es – ganz zu Recht – die Frage stellen, warum nicht frühzeitig darüber gesprochen wurde. Oft erfahren Eltern in solchen Situationen, dass sie das Verantwortungsbewusstsein und die Einsicht ihres Kindes weit unterschätzt haben.

Je deutlicher und ruhiger Sie mit Ihren Kindern die Familienfinanzen erörtern, umso glaubwürdiger sind Sie. Kinder haben ein feines Gespür dafür.

Mithalten wollen – eine Gefahr

Nicht selten wird nach dem Prinzip verfahren: Wenn es uns selbst finanziell schon nicht gut geht, sollen es wenigstens unsere Kinder besser haben. Und so mühen sich Eltern ab, mit wirtschaftlich besser gestellten Familien mitzuhalten. Das mag bei einem kurzzeitigen Engpass noch gehen. Ansonsten aber sollten wir mit unserem Kind gemeinsam Problemlösungen erarbeiten, etwa wie an anderer Stelle Geld eingespart werden oder – wenn das Kind alt genug ist – wie es selbst ein bisschen zum Taschengeld hinzuverdienen kann. Denn unserem Kind das zu bezahlen, was wir Eltern uns nicht leisten können, führt letztlich den Erziehungszweck des Taschengeldes ad absurdum: Schließlich sollen unsere Kinder ja lernen, dass stets nur so viel Geld ausgegeben werden kann, wie vorhanden ist.

Zeit statt Geld – ein gutes Argument

Hier liegt es an uns Eltern, früh richtige Akzente zu setzen, die unsere Kinder für die Zukunft prägen. Wir können etwa fehlende finanzielle Mittel gegen ideelle Werte setzen. Bei Arbeitslosigkeit eines Familienmitglieds könnte dieses mehr Zeit mit dem Kind verbringen und ihm diesen Zusammenhang auch verdeutlichen. Manche Eltern werden überrascht sein, wie sehr ihre Kinder es genießen, die Mutter oder Vater plötzlich für sich zu haben. Außerdem kann Ihr Kind gegenüber gleichaltrigen Freunden mit höherem Taschengeld einen respektablen Ersatz vorweisen.

Zeit kann man nicht kaufen, auch nicht für viel Geld. Lassen Sie Ihr Kind mit Ihrer freien Zeit diese lebenswichtige Erfahrung machen.

Taschengeld im Alltag – wann ist Einmischung nötig?

Das Taschengeld gehört dem Kind und darf von ihm eigenverantwortlich verwaltet und ausgegeben werden. Aber manchmal ist es für Eltern unvermeidbar, korrigierend einzugreifen und den Weg in die richtige Richtung zu weisen. Kaum ein Kind wird solche Notwendigkeiten einsehen, und es wird zu Reibereien kommen – vor allem dann, wenn die Verwandtschaft das reguläre Taschengeld aufbessert.

Die Erziehung der Eltern gegen den Geldsegen der Verwandtschaft

Das Taschengeld sollte immer eine verlässliche Größe sein. Nur so kann das Kind lernen, mit seinem Geld ordentlich zu wirtschaften und es sinnvoll einzuteilen. Diese Lerneffekte können aus zwei entgegengesetzten Gründen ausbleiben. Zum einen, wenn das Taschengeld zur Bestrafung gekürzt wird, also keine verlässliche Einnahme mehr für das Kind darstellt. Zum anderen, wenn von Verwandten immer wieder zusätzlich Geld zugeschossen wird und das Taschengeld auch deshalb keine verlässliche Größe darstellt. Doch die meisten Kinder und Jugendlichen dürfen mit solchen Geldzuwendungen rechnen, etwa mit Kirmesgeld vom Opa oder mit Kinogeld von der Oma und dazu meist noch mit dem einen oder anderen (größeren) Schein zu Weihnachten oder zum Geburtstag.

Großeltern steht das Recht zu, ihre Enkelkinder zu verwöhnen. Gewisse Grundsätze müssen aber auch von ihnen eingehalten werden.

Dieser unregelmäßige Geldsegen muss von uns Eltern richtig gesteuert werden. Wir müssen dafür Sorge tragen, dass heimliche Finanzspritzen aus der Verwandtschaft nicht alle unsere Erziehungsbemühungen zunichte machen. Deshalb ist es wichtig, dass auch mit der Geld spendenden Verwandtschaft und im Beisein des Kindes so selbstverständlich über Taschengeld gesprochen wird wie etwa über das Wetter. Ganz nebenbei erfahren Eltern auf diese Weise gleich, welche Summen ihrem Kind zusätzlich zum elterlichen Taschengeld zur Verfügung stehen, und können nachfragen, wofür diese geplant sind oder eventuell bereits ausgegeben wurden.

Sich einen größeren Wunsch spontan erfüllen zu können macht jedem von uns Freude. Gestatten Sie dieses Vergnügen gelegentlich auch Ihrem Kind.

Gut gemeinte Geldspritzen steuern

Fortgesetzten Unterwanderungen der eigenen Taschengelderziehung durch die liebe Verwandtschaft sollten Eltern strikt die rote Karte zeigen. Vielleicht müssen Oma und Opa die Gründe eingehend erläutert werden:

Jährliche Geburtstagszuwendung

Junge/Mädchen – Alter	Euro	Junge/Mädchen – Alter	Euro
Gesamt	60	Gesamt	65
Junge	61	Junge	66
Mädchen	59	Mädchen	64
Junge/Mädchen 6–9 Jahre	39/33	Junge/Mädchen 6–9 Jahre	40/40
Junge/Mädchen 10–13 Jahre	53/61	Junge/Mädchen 10–13 Jahre	59/63
Junge/Mädchen 14–17 Jahre	90/84	Junge/Mädchen 14–17 Jahre	99/88

Quellen: Kinder-Verbraucheranalyse, BRAVO-Jugendstudien, Statistisches Bundesamt

Ein Kind – egal welchen Alters – wird sich im Lauf der Zeit auf den mehr oder weniger regelmäßigen Zuschuss verlassen, der es erlaubt, sich Sonderwünsche zu erfüllen. Letztlich verpasst es damit die Chance, den Umgang mit regulär zur Verfügung stehendem Geld zu lernen. Wer unseren Sprössling also permanent mit Extrazuschüssen versorgt, tut ihm für die Zukunft keinen Gefallen.

Andererseits ist es durchaus verständlich, dass Großeltern dazu neigen, ihren Enkeln bei Engpässen auszuhelfen. Doch leider ist der Betrag, der quasi nebenbei in die Taschen unserer Kids wandert, häufig unverhältnismäßig hoch im Vergleich zur Höhe des ausgehandelten Taschengeldes.

Da hilft wiederum nur ein offenes Gespräch, in dem vereinbart werden könnte, dass Geldzuwendungen entweder zweckgebunden erfolgen oder auf das Sparbuch eingezahlt werden sollen, statt direkt in die Taschen der Kinder zu wandern.

Der Zeitraum, für ein bestimmtes Ziel zu sparen, muss für Kinder absehbar sein. Nur dann können sie mit Stolz davon erzählen.

Was tun mit Geldgeschenken an das Kind?

Die Kinder-Verbraucheranalysen zeigen, dass Geldgeschenke zu besonderen Anlässen die Gesamteinkommen der Kinder und Jugendlichen erheblich aufstocken. Als »besondere Anlässe« wurden bei den Untersuchungen jedoch nur Geburtstag und Weihnachten abgefragt. Sicherlich gibt es noch eine Vielzahl anderer Gelegenheiten für Geldgeschenke der spendablen Verwandtschaft.

Wie verhalten sich nun Eltern richtig, wenn ihr Kind Geld geschenkt bekommt, das nicht für eine bestimmte Anschaffung gedacht ist? Hier kann es kaum eine für jeden Fall verbindliche Regel geben. Denn einige Kinder werden dazu neigen, den warmen Geldregen zusätzlich in dieselben Dinge zu investieren, die sie von ihrem regulären Taschengeld auch kaufen. Andere werden sich überlegen, das Geld für sofortige größere Investitionen einzusetzen, und ein dritter Teil wird für die Erfüllung eines lang gehegten Wunsches sparen.

Wie wird sich Ihr Kind aller Wahrscheinlichkeit nach verhalten? Falls es keine konkreten Vorstellungen hat, sollten Sie Vorschläge unterbreiten, ohne jedoch bestimmend zu sein. Sinnvoll könnte sein, das Geld aufzuteilen: Ein Teil ist zur freien und sofortigen Verfügung bestimmt, egal, ob für die üblichen Konsumausgaben oder für etwas Besonderes, auf das sonst hätte verzichtet werden müssen. Der andere Teil wird auf ein Sparbuch eingezahlt, um sich zu entsprechender Zeit einen größeren Wunsch erfüllen zu können.

Zeigen Sie Fingerspitzengefühl

Solche Verhandlungen mit den Kindern erfordern ein ganz besonderes Fingerspitzengefühl von den Eltern. Machen Sie Ihrem Kind klar, dass Sparen nicht Verzicht, sondern mehr Freude zu einem späteren Zeitpunkt bedeutet. Locken Sie mit der Erklärung, dass nur auf diese Weise kostspieligere Anschaffungen möglich sind. Stellen Sie eine Belohnungsprämie in Aussicht, wenn Ihr Kind ein bestimmtes Sparziel erreicht hat. Die Zinsen von der Bank allein können es nicht sein, denn bei den Minibeträgen schlagen sie kaum zu Buche. Aber als Eltern können wir den Effekt des Zinses unterstreichen, indem wir einen kleinen Zinszuschuss zahlen. Doch denken Sie daran: Sie sollten Ihrem Kind keinen Sparzwang auferlegen. Erteilen Sie lediglich elterliche Ratschläge, doch lassen Sie Ihr Kind eine freiwillige Entscheidung fällen, die Sie respektieren. Und dringen Sie schon gar nicht darauf, dass der gesamte Betrag auf das Sparbuch gelegt wird, denn unverhofft zusätzliches Geld auszugeben macht Spaß – und muss auch gelernt werden.

Zum Sparen anhalten – ja, zum Sparen zwingen – nein

Für viele Eltern steht außer Frage: Sparen gehört zur normalen Erziehung. Nach einer Umfrage des Allensbachinstituts liegt der sparsame Umgang mit Geld sogar auf Platz fünf einer Skala mit den Kriterien, an denen Erwachsene die gute Erziehung eines Kindes festmachen. Und ganz falsch ist es auch nicht, wenn Eltern ihren Kindern Sparen beibringen. Denn auf diese Weise lernen sie, dass sich Wünsche, die nicht aus dem laufenden Einkommen zu bezahlen sind, eines Tages doch erfüllen lassen, und zwar durch zielstrebiges Sparen. Und damit hätten wir bereits einen ganz wichtigen Beitrag geleistet, unser Kind vor späterer Verschuldung durch per Kredit finanzierte Anschaffungen zu bewahren.

Allerdings kann ein großer Spardruck auf das Kind auch einen dauerhaft

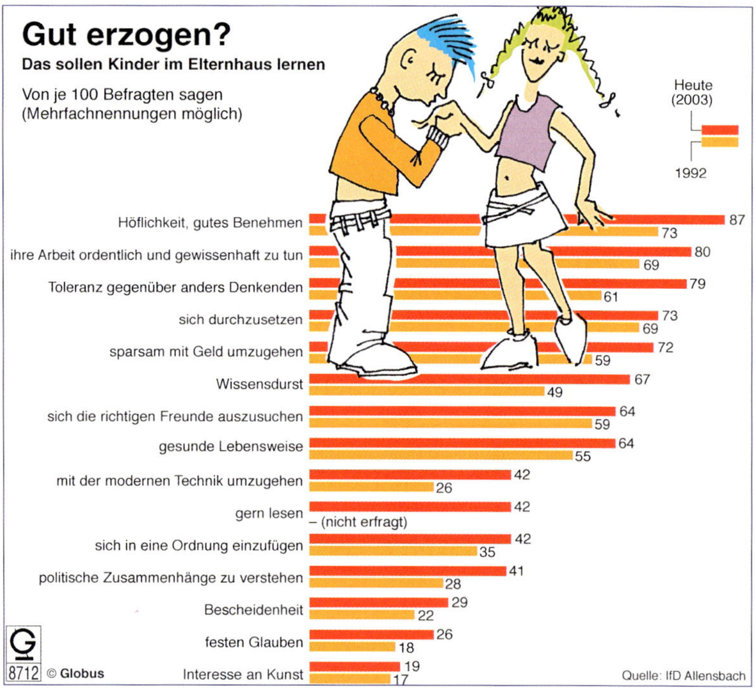

negativen Effekt mit sich bringen. Denn wie soll es so lernen, mit Geld planvoll zu wirtschaften? Ein Kind unter Sparzwang wird genauso wenig ein maßvolles Verhältnis zum Geld entwickeln wie ein Kind, das Geld im Überfluss ausgeben kann. Außerdem kann der übertriebene Sparzwang dazu führen, dass Ihr Kind, sobald es auf eigenen Füßen steht und von diesen Fesseln befreit ist, in einen gefährlichen Konsumrausch springt. Beständige Diplomatie seitens der Eltern ist also angesagt. Und noch einmal: Bemühen Sie sich vor allem darum, Ihrem Kind zu vermitteln, dass es seine Entscheidung zu sparen freiwillig getroffen hat.

Ein Kind wird den Sinn des Sparens am ehesten begreifen, wenn die Eltern in aller Liebe bei Nachforderungen unnachgiebig bleiben.

Ebenso wichtig ist, dass unser Kind seine Sparziele selbst festlegen darf, andernfalls wird es keinen großen Ehrgeiz zum Sparen entwickeln. Hüten Sie sich auch davor, Ihr Kind zum Sparen für »später« anzuhalten – egal, ob Sie dabei an seine erste eigene Wohnung oder den Führerschein denken. Kein Kind hat im Grundschulalter eine Vorstellung von »später«. Und selbst wenn, es wird ein solches Sparziel völlig uninteressant finden. Ihm sind andere Dinge wesentlich näher und wichtiger. Und nur darauf zu sparen macht Spaß. Aber natürlich kommt es auf den Einzelfall an. Fällt einem Kind etwa durch Erbschaft ein sehr großes Vermögen zu, sollten es die Eltern ohnehin getrennt vom selbst verwalteten Sparvermögen anlegen.

Sparen auch vom normalen Taschengeld?

Viele Eltern sehen es mit Entsetzen, wenn die Kinder ihr gesamtes Taschengeld für CDs, Zeitschriften, Fastfood oder Süßigkeiten ausgeben. Und die Versuchung ist verständlicherweise groß, Tochter oder Sohn zu bevormunden. Kinder gehen aus Erwachsenensicht nur dann vernünftig mit ihrem Taschengeld um, wenn sie es gut einteilen und möglichst auch noch etwas davon sparen. Doch hier unterschätzen wir sowohl die Lernfähigkeit unserer Kinder als auch den Erziehungseffekt des Taschengeldes. Wenn nämlich die Grundregeln eingehalten werden, wonach es zwar regelmäßige Taschengeldzahlungen, aber keine Extrabeträge für Sonderwünsche gibt, stellt sich ein Umdenken bezüglich des Geldausgebens innerhalb kurzer Zeit meist von selbst ein. Unser Kind erkennt ohne elterliches Zutun ziemlich schnell, dass es erheblich länger, vielleicht bis zu seinem Geburtstag oder bis Weihnachten, auf die Erfüllung besonderer

Eltern müssen nicht für jeden Einsatz des Taschengeldes Verständnis aufbringen. Aber sie müssen ihren Kinder eine freie Entscheidung über die Ausgaben zugestehen.

Wünsche warten muss, falls es nicht selbst dafür sparen will. Vielleicht wird der eine oder andere Wunsch von den Eltern selbst zu besonderen Anlässen nicht erfüllt, weil es sich nämlich um etwas handelt, das schon in den unterschiedlichsten Ausführungen vorhanden ist. In einem solchen Fall könnte ohnehin nur das Ersparte helfen.

Geben Sie also Ihrem Kind die Chance, den Sinn des Sparens selbst zu entdecken. Statistiken sagen, dass das Ausgabeverhalten der 6- bis 17-Jährigen im Schnitt viel vernünftiger ist als Eltern vermuten – nur etwa ein Fünftel der Kinder und Jugendlichen spart gar nicht. Und das betrifft überwiegend die jüngeren Kinder, die den Sinn des Sparens noch nicht begreifen. Auch hier gilt wieder: nicht einmischen in den gewählten Aufteilungsmodus. Nur so kann Ihr Sprössling seine eigene und damit die für ihn richtige Balance zwischen Sparen und Ausgeben finden.

So hoch sind die Sparguthaben unserer Kinder

Gesamt	**550 Euro**		
Jungen	556 Euro	Mädchen	544 Euro
Jungen 6–9 Jahre	401 Euro	Mädchen 6–9 Jahre	346 Euro
Jungen 10–13 Jahre	523 Euro	Mädchen 10–13 Jahre	536 Euro
Jungen 14–17 Jahre	738 Euro	Mädchen 14–17 Jahre	744 Euro

Quellen: Kinder-Verbraucheranalyse, BRAVO-Jugendstudien, Statistisches Bundesamt

Unsinnige Einkäufe sind auch eine wichtige Erfahrung

Mitunter wird den Eltern zugegebenermaßen eine gehörige Portion Geduld abverlangt, bis sich eine Balance zwischen Geldausgeben und Sparen erkennen lässt. Manchmal bricht nach einer Weile die einmal gefundene Balance wieder völlig in sich zusammen, weil unsere Kinder plötzlich neue Wertigkeiten für sich entdeckt haben. Seien Sie unbesorgt, wenn Sie folgende oder ähnliche Beobachtungen machen, denn damit stehen Sie ganz sicher nicht alleine da:

- Bei der Tochter quillt der Badezimmerschrank über mit Lippenstiften und Duftwässerchen. Oder die Schatulle mit dem vielen Modeschmuck, der gerade »in« ist und in den jeder verfügbare Euro investiert wird, platzt bereits aus allen Nähten. Für die Handykarte, fürs Kino oder zum Schlittschuhlaufen bleibt nichts mehr übrig.
- Beim Sohn wird jeder verfügbare Euro in die neue Serie Sammelbilder investiert, obwohl doch schon die alten zu hunderten irgendwo in der Ecke herumliegen und nicht mehr angeschaut werden. Oder es werden immer noch mehr Sammelautos gekauft, doch das Spielen damit ist längst zur Nebensache verkommen. Nur der Besitz scheint noch wichtig zu sein.

Manchmal bitten Kinder um Hilfe, wenn die Planung nicht so recht klappen will. Dann aber sollten Sie sie gewähren.

Diese beiden Beispiele stehen für unzählige andere, bei denen wir Eltern uns gerne die Haare raufen und eingreifen würden. Haben wir unseren Kindern denn nicht vermitteln können, ihr Taschengeld nicht nur für überflüssiges Zeug auszugeben? Aber denken Sie in solchen Situationen an die Regel, dass Taschengeld den Kindern deswegen zur freien Verfügung stehen soll, damit sie wirtschaften lernen. Und das geht selten von heute auf morgen.

Aber irgendwann wird Ihre Tochter selbst erkennen, dass es total unsinnig ist, 23 rote Lippenstifte in kaum unterscheidbaren Farbnuancen zu besitzen, wenn sie täglich doch nur einen davon auftragen kann. Und Ihr Sohn wird sich eines Tages garantiert darüber ärgern, dass er so viel Geld für Sammelkarten ausgegeben hat, die jetzt nutzlos im Schrank herumliegen, niemanden mehr interessieren und sich noch nicht einmal auf dem Flohmarkt für ein paar Cent verkaufen lassen.

Hilfe ja – aber auf sanfte Weise

Nur wenn Eltern und Verwandte den Kindern kein Extrageld zustecken und den Umgang mit dem Taschengeld nicht beeinflussen, wird sich über kurz oder lang der gewünschte Lerneffekt einstellen. Irgendwann werden Tochter und Sohn bestimmt überlegen, wofür es sich lohnt, das Taschengeld auszugeben und – sollte es nicht reichen – durch Nebenjobs aufzubessern. Und seien Sie sicher: Diese Einsicht stellt sich umso eher ein, je weniger Druck und Vorschriften von Ihnen kommen. Andernfalls schalten Kinder auf stur und sagen zu Recht: Das ist meine Sache! Doch Trotzreak-

Gönnen Sie Ihren Kindern ihre eigenen Wertvorstellungen und vertrauen Sie auf die gute Basis, die Sie ihnen mitgegeben haben.

tionen blockieren jedes weitere vernünftige Gespräch. Kinder wollen und sollen auch mit Geld ihre eigenen Erfahrungen machen und dabei ernst genommen werden.

Das heißt aber nun nicht, dass Eltern Gleichgültigkeit in puncto Taschengeld an den Tag legen sollten. Gezielte Fragen könnten Kinder schneller zur Einsicht bringen:

- »Findest du es nicht schade, dass du dir den neuen Kinofilm nicht anschauen kannst, weil du dein ganzes Taschengeld bereits für den Modeschmuck ausgegeben hast?«
- »Ist es nicht ärgerlich, dass du mit deinen Freunden nicht zum Fußballspiel gehen kannst, weil du dir so viele Sammelkarten gekauft hast und dein Taschengeld deshalb schon alle ist?«

Es liegt an uns Eltern, unsere Kinder zum produktiven Nachdenken über ihr Ausgabeverhalten anzuregen. Deshalb gilt: Nur wenn Sie ausdrücklich darum gebeten werden, vielleicht weil die Einteilung des Geldes nicht klappt, sollten Sie Hilfe leisten. Dann könnten Sie beispielsweise vorschlagen, schriftlich über die Einnahmen und Ausgaben Buch zu führen und größere Käufe genauer zu planen. Aber gewähren Sie Ihrem Kind weiterhin ausreichend Freiraum, mit seinem Taschengeld zu experimentieren. Eltern sollten nicht über den Kopf der Kinder hinweg den Einsatz von Taschengeld bestimmen, selbst dann nicht, wenn es ihrer Meinung nach unsinnig rausgeworfen wird. Auch eine Fehlentscheidung bringt Ihr Kind letztlich dem Ziel näher, verantwortungsvoll mit dem ihm zur Verfügung stehenden Geld umzugehen.

Das Sparverhalten der 6- bis 17-Jährigen:

- **21 Prozent sparen gar nichts.**
- **60 Prozent sparen einen Teil.**
- **19 Prozent sparen alles.**

Akzeptieren Sie die Wertvorstellungen Ihrer Kinder

Nicht selten liegt die Ursache für Streitereien ums Taschengeld in den Familien darin, dass Kinder und Jugendliche heute eine stärker auf Konsum und Genuss orientierte Lebenseinstellung haben, als deren Eltern oder Großeltern das aus ihrer eigenen Jugend kennen – oder erinnern. Wir sprechen mit Blick auf die heutige Jugend sogar von der oberflächlichen »Spaßgesellschaft«. Deshalb ist es für Eltern ganz interessant zu erfahren, wie sich nach den Kinder-Verbraucheranalysen die Situation in anderen

Familien darstellt. Das Ergebnis könnte durchaus dazu beitragen, unsere eigenen Kinder in einem anderen Licht zu sehen, weil wir feststellen, dass sie nur dem Gesamtbild ihrer Altersgruppe entsprechen. Die Analysen zeigen, dass Kinder und Jugendliche

- ihre Genussbetontheit offen zugeben,
- sich stark für neue Trends und Produkte auf dem Markt interessieren,
- schon früh selbstständig über eigenes Geld und über die Anschaffung persönlicher Dinge entscheiden dürfen,
- eher selbstbewusst als autoritätsgläubig sind und auf ihr demokratisches Mitspracherecht bei Entscheidungen in der Familie pochen, erst recht, wenn sie direkt betroffen sind,
- bürgerliche Werte aber nicht unbedingt ablehnen, sondern später auch heiraten und Nachwuchs bekommen wollen.

Ein bisschen Humor hilft mehr als Verbissenheit, wenn die Vorstellungen der Kinder wieder einmal in den Himmel wachsen.

Für Eltern besonders schwer einzusehen ist allerdings die Tatsache, dass ihre Kids alles auf einmal wollen: Arbeit, Leistung, Geld, aber auch viel Freizeit, Genuss und Familie! Damit sich ein ausgewogenes Verhältnis zwischen den unrealistischen Vorstellungen einerseits und den realisierbaren Wünschen andererseits entwickelt, müssen Eltern mit ihren Kindern im Dialog bleiben. Nur so kann eine Brücke von den – zugegeben – häufig eher konservativeren Wertvorstellungen der Eltern zu den unkonventionelleren Einstellungen der Kids geschlagen und gegenseitiges Verständnis aufgebaut werden.

Solange Eltern ihre Wertvorstellungen allerdings mit erhobenem Zeigefinger hochhalten und zu den einzig erstrebenswerten erklären, wird die Atmosphäre in der Familie angespannt bleiben, weil sich die Jugendlichen unverstanden fühlen. Statt also die Werteorientierung der Kinder kategorisch abzulehnen, sollten Eltern sich aufgeschlossen, tolerant und wohlwollend mit ihnen auseinander setzen, zumindest dann, wenn sie einen vertrauensvollen Kontakt zu ihren Kindern aufrechterhalten wollen.

Die nachfolgende Tabelle mit den Werteorientierungen der heutigen Jugend zwischen 14 und 19 Jahren im Vergleich zu denen der Gesamtbevölkerung könnte zeigen, dass nicht nur Ihr Kind diese aus Elternsicht merkwürdigen Einstellungen an den Tag legt, mit denen Sie vielleicht Probleme haben, sondern dass es sich damit in allerbester Gesellschaft befindet.

Eltern haben die Pflicht, ihren Kindern den Weg zu einem vernünftigen Umgang mit Geld zu weisen. Doch nach der Devise: Motivation statt Zwang.

Kinder haben das Recht, über ihr Taschengeld frei zu entscheiden. Nur selbst gemachte Erfahrungen – auch negative – lehren einen verantwortungsvollen Umgang mit Geld.

Kindern sind andere Werte wichtig als ihren Eltern

Werte-orientierung	Damit verbundene Lebensweise	Jugendliche von 14 bis 19 Jahren %	Gesamt-bevölkerung %
Konservativ	Ordnung, Fleiß, Gehorsam	9	34,5
Aufstiegs-orientiert	Sich hocharbeiten, Erfolge vorzeigen können, Ansehen genießen, Statussymbole zeigen, prestigeorientierter Konsum	37,1	23,8
Genussorientiert (Lebenserotiker oder Hedonisten)	Faszination von Luxus, Konsum, Freiheit, Ungebundenheit, Lebensgenuss	24,2	10,1

Quellen: Kinder-Verbraucheranalyse, BRAVO-Jugendstudien, Statistisches Bundesamt

Blitzübersicht: Fünf typische Verhaltensweisen, deren häufigste Konsequenzen und sinnvolle Alternativen

1. Eltern fordern eine Taschengeldbuchführung mit allen Einnahmen und Ausgaben. Sie kontrollieren die Ausgaben und bewerten sie mit ihren Maßstäben nach sinnvoll und überflüssig.
   Konsequenzen beim Kind: Es verliert die Freude am eigenen Geld, da ihm die Entscheidungsfreiheit genommen ist. Ihm wird verwehrt, Eigenverantwortung im Umgang mit Geld zu lernen. Die strenge Elternkontrolle verführt zum Schwindeln.
   Alternative für Eltern: Geben Sie Ihrem Kind den Tipp, ein Einnahmen- und Ausgabenbuch für seine eigene und nicht für die Kontrolle der Eltern zu führen. Eltern enthalten sich jeglicher Kommentare über die Wichtigkeit oder Unwichtigkeit der Taschengeldausgaben. Das Kind lernt eigenverantwortliches Handeln.
2. Eltern drohen Taschengeldkürzung an, etwa bei schlechten Schulnoten oder Fehlverhalten, setzen ihre Drohung jedoch nicht um.

Blitzübersicht (Forts.)

Konsequenzen beim Kind: Es hat keine verlässliche Grundlage für seine Finanzplanung, sondern fühlt sich der Willkür der Eltern ausgesetzt. Da die Strafe zwar angedroht, aber nicht realisiert wird, verlieren die Eltern an Glaubwürdigkeit. Und das Kind verliert allmählich den Respekt vor seinen Eltern.

Alternative für Eltern: Da Taschengeldkürzungen als Erziehungsmittel grundsätzlich ausscheiden, sollten andere Druckmittel eingesetzt werden, sofern Gespräche nichts nützen. Aber drohen Sie niemals mit etwas, das Sie nicht auch konsequent umsetzen.

3. Eltern bestrafen tatsächlich mit Taschengeldentzug oder mit Taschengeldkürzung.

   Konsequenzen beim Kind: Es besteht die Gefahr, dass das Kind sich Geld bei Verwandten erschnorrt oder anderswo beschafft. Damit kann es leicht in Schwierigkeiten geraten. Außerdem wird es am eigenverantwortlichen Umgang mit Geld gehindert.

   Alternative für Eltern: Statt Taschengeldkürzung sollten andere Sanktionen verhängt werden, wie eine geplante Freizeitaktivität oder die Lieblingssendung im TV streichen. Das hat erzieherische Wirkung, ohne dass dem Kind das Lernen rund um das Thema Geld verwehrt wird. Falls der Sprössling mutwillig etwas zerstört hat, sollte der Schaden von dessen Sparguthaben beglichen werden, nicht vom Taschengeld.

4. Eltern verlangen, festgelegte Pflichtausgaben wie Schulmaterialien oder Fahrgeld vom Taschengeld zu begleichen.

   Konsequenzen beim Kind: Es verliert auch in diesem Fall die Freude am eigenen Geld und fühlt sich durch die Pflichtausgaben überfordert.

   Alternative für Eltern: Notwendige Ausgaben sollten vom Haushaltsgeld bezahlt oder das Taschengeld entsprechend aufgestockt werden, damit ausreichend Geld zur freien Verfügung bleibt.

5. Eltern erzwingen Sparverhalten und fordern, dass das Kind vom Taschengeld regelmäßig einen festen Betrag für künftige Anschaffungen zurücklegt.

   Konsequenzen beim Kind: Zwangssparen führt zum Verlust von Selbstständigkeit, Eigenverantwortung und Entscheidungsfreiheit. Deshalb verliert das Kind die Lust am Sparen.

   Alternative für Eltern: Motivieren Sie Ihr Kind zum freiwilligen Sparen, mischen Sie sich jedoch nicht in die Geldeinteilung ein. Geben Sie Ratschläge, ohne deren Umsetzung zu kontrollieren.

Der Einfluss der Werbung – sind Eltern machtlos?

Für Werbung und Industrie sind Kinder und Jugendliche eine hochinteressante Zielgruppe. Denn die Kaufkraft der 6- bis 19-Jährigen liegt bei über 20 Milliarden Euro pro Jahr. Viele Eltern sehen die Konsumlust ihrer Kinder und das Interesse an ganz bestimmten Marken mit Besorgnis und fragen sich, ob und wie sie gegensteuern sollen. Ein kleiner Trost: In den meisten Familien sieht es ganz ähnlich aus.

»In« sein und »cool« sein und was so dazugehört

Das Handy soll unbedingt von Motorola oder von Nokia sein. Der Pullover ist nur dann cool, wenn er das Nike-Emblem oder die Adidas-Streifen trägt. Und natürlich schmecken die sündhaft teuren Kartoffelchips aus der TV-Werbung auch viel besser als die von Aldi, die unseren Geldbeutel weniger strapazieren. Eltern können jeden Tag erleben, mit welchem Erfolg Werbebotschaften bei ihren Kindern ankommen. Kinder bekommen nicht nur sehr früh mit, welche Produkte es zu kaufen gibt, sondern auch, was gerade »in« ist und was man haben muss, um »cool« zu sein. Und wer möchte heutzutage nicht cool sein? Dies erschwert Eltern zunehmend die Erziehung zu einem vernünftigen Konsumverhalten, dessen Grundlage das Preis-Leistungs-Verhältnis sein sollte. Das schlagende Argument unserer Kinder lautet, ohne diese oder jene bestimmte Marke, angefangen vom Handy über Schuhe bis hin zu den Klamotten, in der Schule nicht akzeptiert zu werden – und welche Eltern wollen ihr Kind schon zum Außenseiter abgestempelt sehen?

Der Gruppenzwang, dem Jugendliche heute ausgesetzt sind, ist nicht zu unterschätzen. Außenseiter werden öfter gemobbt.

Glücklich der, der hat

Die Werbung suggeriert jungen Verbrauchern angebliche Glücksgefühle, die das beworbene Produkt vermittelt, wenn es erst einmal das eigene ist. Die Beeinflussung geht sogar so weit, dass manche Kinder die Werbetexte und die dazugehörige Musik in- und auswendig kennen. Selbst Kleinkinder, die noch im Einkaufswagen der Mutter sitzen, sind bereits fasziniert von den vielen bunten Sachen in den Regalen und werden frühzeitig in die Konsumwelt integriert. Und bei den älteren Kindern und Jugendlichen spielt das Besitzbewusstsein eine ganz erhebliche Rolle. So ermittelte die Zeitschrift *Bravo* in der Studie Faktor Jugend, dass kostspielige Videospiele, Computer, Internet und Handy elementare Teile der Lebenswelt der 12- bis 18-Jährigen sind. Zwischen dem 14. und 15. Lebensjahr steigt das Interesse der Jugendlichen an Geld und Besitz spürbar an, während das Interesse an Eltern und Familie zur selben Zeit merklich nachlässt, bis sich beides etwa zur Volljährigkeit ungefähr auf dem gleichen Level einpendelt. Aber sehen Sie anhand der Grafik auf der nächsten Seite selbst, welche Vorlieben unsere Jugendlichen in welchem Alter haben.

Eltern unterschätzen die Bedeutung des Geldes

Selbst wenn in der Familie offen über Geld gesprochen wird, bleibt vielen Eltern ein Geheimnis ihrer Kinder letztlich verschlossen: Was bedeutet Geldbesitz für sie wirklich? Erwachsene können sich kaum vorstellen, dass Geld auch schon für Kinder nicht nur eine Möglichkeit zum Konsum bietet, sondern dass es ganz ähnliche Empfindungen wie bei den Erwachsenen auslösen kann. Geld hat auf zwei Ebenen eine große Bedeutung:

1. Da gibt es einmal die reale wirtschaftliche Ebene, auf der die verfügbaren finanziellen Mittel die persönliche Lebensführung und den Konsum bestimmen. Damit ist praktisch die Handlung des Geldausgebens gemeint.
2. Und dann gibt es gewissermaßen die zwischenmenschliche, persönliche Ebene, auf der mit Geld unterschiedliche Werthaltungen, Vorurteile und Ängste verknüpft sind. Damit ist praktisch das Gefühl des Geldbesitzens gemeint.

Doch nicht einmal die meisten Erwachsenen geben diesen zweiten Punkt wirklich zu. Man müsste schonungslos ehrlich mit sich selbst sein. Aber wer sagt schon gern frei heraus, dass er sich gegenüber Menschen mit mehr Geld benachteiligt fühlt? Kein Test würde für einen solchen Neid eine noble Haltung bescheinigen. Oder wer setzt sich wenigstens im stillen Kämmerlein mit vorhandenen Neidgefühlen auseinander und überlegt, was er statt Geld in die Waagschale werfen kann? Da haben wir alle schon eher das angeberische Verhalten beobachten können, mit dem für die lieben Mitmenschen ein völlig falscher Eindruck von den eigenen finanziellen Verhältnissen erweckt werden soll. Etwa mit dem dicksten Auto in der Reihenhaussiedlung, das man sich eigentlich nicht erlauben kann, das aber die Nachbarn sehen sollen. Oder mit teueren Fernreisen, die die fi-

Die deutsche Sprache kennt viele Redewendungen zum Thema Geld. Eine der unglücklichsten: Über Geld spricht man nicht, Geld hat man.

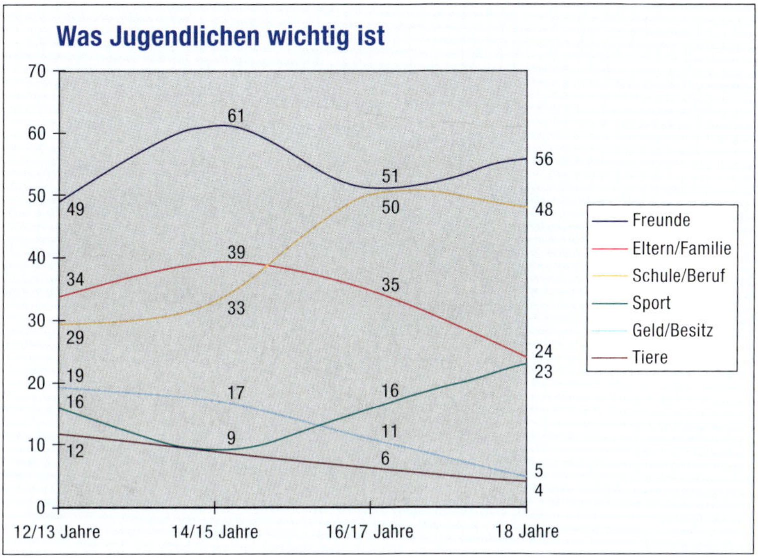

nanziellen Verhältnisse weit übersteigen, sich aber gut für Erzählungen eignen, um zu beeindrucken, sonderbarerweise häufig solche Menschen, die wir nicht einmal besonders schätzen. Vielen Kindern geht es nicht anders: Auch sie haben bereits den Wunsch, in Sachen Geldbesitz mithalten und ihre Freunde und Schulkameraden beeindrucken zu können.

Eindruck schinden kann teuer werden

Für Eltern ist es darum besonders wichtig, sich ihres eigenen Verhältnisses zu Geld und zu Besitz klar zu werden und darüber mit ihren Kindern auch zu sprechen. Vor allem sollte vermittelt werden, dass es nicht richtig sein kann, sich nur deshalb etwas zuzulegen, um Eindruck zu schinden. Denn jemand, der sehr viel hat, ist ohnehin nicht beeindruckt von jemandem, der ebenfalls etwas besitzt, oder so tut als ob. Derjenige, der beeindruckt werden soll, nimmt das kaum oder vielleicht nur für einen kurzen Moment wahr. Für ihn ist der Besitz von Geld eben selbstverständlich. Doch für den, der über seine Verhältnisse lebt, kommt der finanzielle Kater – und der hält länger an. Denn für den kurzen Moment des (möglichen) Beeindruckens muss man lange an anderer Stelle sparen oder sogar Schulden zurückzahlen.

Wenn sich Eltern über ihre eigene Einstellung zum Geld selbst nicht klar sind, wird dieses Thema innerhalb der Familie tabuisiert und mit dem gängigen Spruch beschönigt, »über Geld spricht man nicht«. Das ist aber grundsätzlich falsch. Geld muss immer ein Thema mit den Kindern sein, unabhängig davon, wie viel oder wenig vorhanden ist.

Der Wert des Geldes und andere Werte

Geld kann auch krank machen. Etliche Zivilisationskrankheiten sind letztlich auf unersättliches Geldscheffeln zurückzuführen.

Getrost dürfen wir allen Eltern unterstellen, dass sie in Bezug auf Geld ethische Werte vermitteln wollen. Damit diese Wertevermittlung und das Gespräch darüber mit den Kindern überhaupt möglich sind, sollten sich Eltern zunächst die selbstkritische Frage stellen: Habe ich eigentlich schon einmal ganz bewusst über die Bedeutung des Geldes nachgedacht? Bitte lachen Sie nicht – es sind nicht die Überlegungen gemeint, wie man mit dem Geld in diesem Monat am besten hinkommt oder wie man das Zuviel an Geld momentan am besten anlegt. Es sind eher philosophische Gedanken gemeint. Wenn Sie über Geld im Allgemeinen nachdenken, kommen Sie an folgenden Einsichten kaum vorbei:

- Geld nimmt in unserer heutigen Leistungsgesellschaft einen hohen Stellenwert ein.
- Geld verschafft uns nicht nur hohes Ansehen, sondern auch Selbstständigkeit und Unabhängigkeit.
- In den Industrieländern werden andere Werte Geld untergeordnet.

So gehört man dazu

Ein wichtiger Aspekt ist für viele Menschen, »dazuzugehören«. Dieses Gefühl vermitteln in erster Linie sichtbare Werte, also das, was mit Geld zu kaufen ist. Wer immer nach dem neuesten Trend gekleidet ist, das teuerste Auto fährt, zu schicken Partys einlädt, der wird bewundert und beneidet. Die Medien stellen Filmstars, Models und Sportler als Leitbilder heraus, denen besonders junge Menschen nacheifern. So toll, reich, schick und berühmt wollen sie auch sein. Wer »in« sein will, muss die richtigen »Freunde« haben, der richtigen Clique angehören und dort ein hohes Ansehen genießen. Die Mitgliedschaft in einer bestimmten Clique setzt aber wiederum voraus, genug Geld zu besitzen, um stets auch mithalten zu können. So schraubt sich die Spirale unaufhaltsam in die Höhe. Eine Befragung von 12- bis 21-jährigen Jugendlichen (Die Macht der Clique. Die »peer groups« im Fokus des Jugendmarketing, *Bravo*/Heinrich Bauer Verlag) hat eine interessante Rangfolge der Kriterien bei der Bewertung des Ansehens ergeben.

Das sichert das Ansehen in der Clique

1. die Freunde
2. die Hobbys und Freizeitgestaltung
3. die Kleidung, die man trägt
4. die Discos, Restaurants und Kneipen, die man aufsucht
5. die bevorzugte Musik
6. Erfolg in der Schule oder im Beruf
7. das Geld, das einem zur Verfügung steht
8. was die Eltern alles erlauben

Diese Liste zeigt deutlich, dass Geld an sich gar nicht so wichtig ist, aber dennoch das Ansehen in der Clique indirekt mit einem dicken Geldbeutel verbunden ist. Geld gilt (auch) in Deutschland als Schlüssel zu Freiheit und Lebensgenuss. Und wer im Besitz dieses Schlüssels ist, gilt als einflussreich, unabhängig und erfolgreich. Mit dem schlichten Hinweis, Geld sei nicht so wichtig, werden wir Eltern also heutzutage bei unseren Kindern nur ein müdes Gähnen ernten. Aber dass Geld in der Tat nicht alles ist, können wir Sohn und Tochter sehr wohl vermitteln, indem wir sie auf die Licht- und Schattenseiten verweisen. Mit Geld hat man vielleicht die schönere Wohnung, das größere Auto und die schicksten Klamotten. Mit Geld hat man aber auch oft Neider und falsche Freunde, viel weniger Freizeit und den größeren Leistungsdruck. Diskutieren Sie mit Ihren Kindern darüber, ob es sich lohnt, diese Negativpunkte für ein höheres Ansehen in der Clique hinzunehmen.

Individualität ist für Jugendliche während der Pubertät ziemlich abgeschrieben. Abgrenzen wollen sie sich schon, aber nur gegen ihre Eltern.

Ihr Kind schwimmt auf der Welle mit

So beunruhigend es für manche Eltern auch sein mag, wenn sie bei ihren Kindern einen plötzlichen Konsum- und Markenrausch festzustellen glauben – bleiben Sie, was Ihr Kind sein will: cool. Denn mit seinem Verhalten schwimmt es nur mit dem Strom mit. Plötzlich ist bei einem Produkt eine ganz bestimmte Marke entscheidend. Liegt auf dem Weihnachts- oder Geburtstagstisch statt des gewünschten Handys das eines anderen Herstellers, wird ganz sicher rumgemault. Die Marke ist eben ein Statussymbol, sie verschafft Anerkennung bei den Freunden und stärkt somit das eigene Selbstwertgefühl. Wer Billigmarken besitzt, wird von der Gruppe ausgegrenzt und fühlt sich minderwertig. Eltern können zwar in mühseliger Kleinarbeit ihren Kids erklären, dass ein gesundes Selbstwertgefühl nur auf inneren, persönlichen Werten und niemals auf den Markennamen bestimmter Konsumartikel basieren kann. Doch solche Erklärungen sind äußerst schwierig, langwierig und letzten Endes unfruchtbar, weil sie den Kindern in dieser Phase unzugänglich sind. In ihren Augen zählt die Markenzwang-Gesellschaft zumindest vorübergehend mehr als das Elternhaus.

Stärken Sie Ihrem Kind den Rücken für Diskussionen in seinem Freundeskreis, indem Sie es Marken- und No-Name-Produkte »blind« testen lassen.

Inzwischen beeinflussen unsere Kinder erstaunlicherweise sogar auch unsere eigenen Kaufentscheidungen: Jeder fünfte Junge und jedes zehnte Mädchen reden bei der Anschaffung von Unterhaltungselektronik und sogar beim Autokauf mit.

Gemeinsamer Einkauf mit Lerneffekt

Gerade dieses Interesse der Kinder und Jugendlichen an den Anschaffungen für die Familie können sich Eltern zunutze machen, um die Markengläubigkeit ihrer Kinder auf ein normales Maß zurückzuschrauben oder den Kindern ein Gefühl für das Preis-Leistungs-Verhältnis abseits des Markennamens zu vermitteln. Versuchen Sie das am besten gar nicht bei Anschaffungen für Ihr Kind, sondern bei Konsumgütern für die Familie. Und beginnen Sie mit Alltagseinkäufen im Supermarkt, bei denen Ihr Kind Sie begleitet. Drücken Sie ihm den Einkaufszettel in die Hand, nur mit Produktbezeichnungen, also ohne Markennamen. Lassen Sie Ihr Kind die Produkte selbst auswählen. Mit Sicherheit werden sich auch einige der teuersten darunter befinden, die es aus der Werbung kennt. Zeigen Sie Ihrem Kind die preiswerteren Alternativen. Zeigen Sie ihm, dass Sie für denselben Betrag die mehrfache Menge des gleichen Produkts einer anderen Marke bekommen können und dadurch erfreulicherweise Geld für Extras übrig bleibt, auf die sonst verzichtet werden müsste.

Es mag im ersten Moment vielleicht ein wenig albern klingen, mit den Kindern einkaufen zu üben. Aber ehrlich: Haben Sie es schon einmal getan? Und wenn nicht Sie mit Ihrem Kind üben – wer soll es dann tun? Auf den Lehrplänen der Schulen steht Einkaufen nicht. Und so kennen sich die Jugendlichen heute zwar bestens mit Konsumartikeln und Markenhits aus, aber leider überhaupt nicht mit grundlegenden Zusammenhängen von Preis und Leistung. Hier klafft eine große Lücke.

Wir wollen nicht ausschließen, dass auch die von Kindern bevorzugte Marke eine ganze Reihe vernünftiger Eigenschaften in sich vereinen kann.

Tatsächlich haben viele Eltern selbst eine unzureichende Vorstellung davon. Ein deutliches Beispiel: Die meisten Erwachsenen sind überzeugt davon, dass der Handel 50 Prozent des Umsatzes als Gewinn verbucht, obwohl es im Lebensmittelbereich tatsächlich nur ein Prozent ist. Hätten Sie das gewusst?

Diskutieren Sie große Anschaffungen für die Familie

Das Interesse vor allem der älteren Jugendlichen an größeren Anschaffungen für die Familie lässt sich auch dafür nutzen, die Markengläubigkeit und den Sinn der Werbung zu hinterfragen. Beziehen Sie Ihre Kinder in Ihre Überlegungen mit ein – egal, ob es sich um das neue Auto, den Fernseher oder DVD-Player oder um die Einbauküche handelt. Sie können damit gleich zwei positive Effekte erzielen:

- Zum einen können Sie Ihrem Kind triftige Gründe vermitteln, warum Sie sich genau für dieses Produkt entscheiden – unabhängig davon, ob diese Marke nun gerade besonders »in« oder »cool« ist.
- Zum anderen fühlt sich das Kind dadurch ernst genommen, weil es in die Finanzpolitik der Familie integriert ist. Das hat nicht selten zur Folge, dass es umgekehrt ebenso offen über seine eigenen Ausgabeentscheidungen spricht.

Ein Beispiel: Nehmen wir an, die Familie plant, sich ein neues Auto anzuschaffen. Ihr Sprössling darf seine Empfehlung abgeben – zunächst ohne jeden Kommentar und ohne jede Beeinflussung Ihrerseits. Lassen Sie sich erklären, warum er ein ganz bestimmtes Modell von einem ganz bestimmten Hersteller bevorzugt. Erst danach erläutern Sie, welche Eigenschaften für Sie beim Kauf entscheidend sind, vielleicht der Anschaffungspreis, der Benzinverbrauch, das Platzangebot, der Wiederverkaufswert, die Höhe der Versicherungsprämien und Steuern. Und dann erläutern Sie Ihre eigene

bereits getroffene Vorauswahl und vergleichen die für Sie wichtigen Punkte mit der Empfehlung Ihres Sprösslings. Ihr Kind wird schnell erkennen, dass es bei der anstehenden Kaufentscheidung viele Punkte nicht bedacht hat, die vernünftigerweise miteinbezogen werden sollten.
Es macht bei einem solchen Spiel keinen Unterschied, ob es sich um eine so große Investition wie ein Auto, eine mittlere Investition wie einen Computer oder eine kleinere Investition wie ein Handy handelt.

Kinder sind für Argumente offen

Das Wissen der Eltern ist das Ergebnis ihrer jahrelangen Erfahrungen. Wir können unseren Kindern nicht ankreiden, dass sie naturbedingt im Nachteil sind.

Überrascht werden viele Eltern bei dieser praktischen Gelderziehung feststellen, wie offen Kinder für logische Argumente sind, vorausgesetzt, sie werden in verständlicher Form vermittelt. Auch wenn Eltern ihre Kinder –

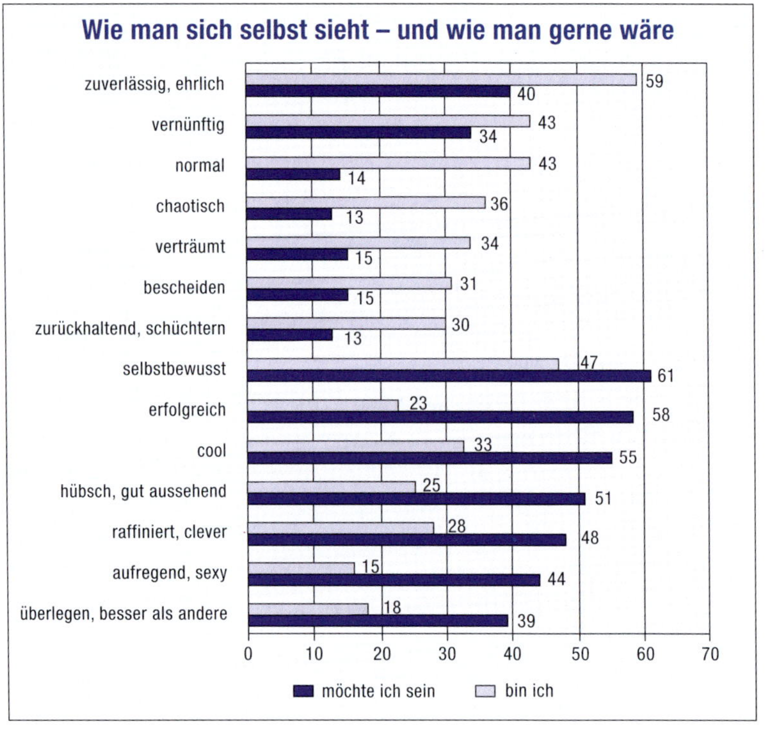

egal welchen Alters – gerne etwas skeptisch beäugen, die Selbsteinschätzung Jugendlicher unter 19 Jahren ist beruhigend: Zuverlässigkeit und Ehrlichkeit, Selbstbewusstsein sowie Vernunft stehen an der Spitze der Charaktereigenschaften, die sie sich selbst zuschreiben.
Und auch das ist nicht verwerflich: Selbstbewusst, erfolgreich und cool möchten sie sein, sagen sie in derselben Befragung. Manchmal warten die Kinder nur darauf, von ihren Eltern ernst genommen und als vernünftig betrachtet zu werden. Vernünftig genug jedenfalls, um sich an Diskussionen in Sachen Finanzen beteiligen zu dürfen. Das setzt auch ein bisschen Gesprächskultur bei den Eltern voraus – also nicht gleich belehren oder übertölpeln. Schlagen Sie nicht entsetzt die Hände über dem Kopf zusammen bei einer Empfehlung ihres Sprösslings für einen kostspieligen Markenartikel, und sparen Sie sich Kommentare wie »So etwas Teures – du träumst ja wohl«. Damit kann Ihr Kind gar nichts anfangen und wird sich vielleicht schmollend zurückziehen. Sagen Sie ihm besser ganz ruhig, dass Sie seinen Vorschlag für zu teuer halten und dass er schon deshalb nicht angenommen werden kann, weil Sie nicht ausreichend Geld zur Verfügung haben. Suchen Sie nach einer preiswerteren Lösung, die Ihren Vorstellungen entspricht und sofort umzusetzen ist. Denn lange auf etwas warten zu müssen ist auch nicht immer sinnvoll.

Und unerfüllbare Wünsche der Kinder?

In der gleichen Weise sollten Eltern verfahren, wenn sie den Wünschen ihrer Kinder nicht gerecht werden können. Sie kommen nicht darum herum, immer wieder offen mit ihnen über die familiäre Finanzsituation zu sprechen. Je nach Alter kann gemeinsam überlegt werden, welche Wünsche unaufschiebbar sind, welche zurückgestellt werden können und welche eventuell ersatzlos gestrichen werden müssen. Selbst wenn genügend Geld vorhanden ist, sehen sich manche Eltern mit der fast unlösbaren Aufgabe konfrontiert, ihren Kindern zu vermitteln, dass unbegrenzter Konsum nicht unbegrenzt glücklich macht. Vor allem dann nicht, wenn Preis und Qualität oder tatsächlicher Nutzen in keinem vernünftigen Verhältnis zueinander stehen.

Nicht jeder Wunsch muss erfüllt werden. Das ist noch nicht einmal eine Frage der vorhandenen finanziellen Mittel.

Selbst wenn Eltern sehr gut situiert sind, wäre es fatal, den Kindern zu viele Wünsche zu erfüllen. Im Laufe der Zeit könnten die Kinder Liebe mit materieller Zuwendung verwechseln. Manche Eltern scheinen sich regelrecht mit der Wunscherfüllung freizukaufen. Dafür gibt es allerlei Gründe. Sie wollen ihr schlechtes Gewissen beruhigen, weil sie zu wenig Zeit für sie haben. Oder sie scheuen nervenaufreibende Auseinandersetzungen. Wir alle kennen das mehr oder weniger gut aus eigener Erfahrung.

Gelegentlich darf das natürlich auch sein, nur auf Dauer sollten wir uns unsere Bequemlichkeit nicht mit Geld und Geschenken erkaufen. Denn damit treiben wir unsere Kinder in eine Verwöhnfalle, die Besorgnis erregende Auswirkungen haben kann. Die Wünsche der Kinder werden ganz bestimmt nicht kleiner – und zu viel Wunscherfüllung, zumal aus heiterem Himmel, nimmt ihnen mit der Zeit jedes Gefühl für Werte und die Bereitschaft zu eigener Leistung.

Checkliste für den Wunschkauf

Häufig genug wollen Kinder und Jugendliche nur deshalb etwas haben, weil die Werbung bei ihnen das Bedürfnis geweckt hat. Nützlicher als den Wunsch rundheraus abzuschlagen ist es, sich konstruktiv damit zu beschäftigen – und damit auch dem Kind die Gelegenheit zu geben, seinen Wunsch du überdenken, zu hinterfragen und zu begründen. Stellen Sie deshalb Ihrem Kind die Fragen, die Sie im unten stehenden Kasten lesen

Hat der Wunsch Bestand?

- Wie bist du auf diesen Wunsch gekommen?
- Wo hast du erfahren, dass es das gibt?
- Kennst du jemanden, der das bereits besitzt?
- Hast du dich schon erkundigt, ob er damit zufrieden ist und ob es stimmt, was die Werbung darüber sagt?
- Hast du dir die Sache schon in einem Geschäft angeschaut?
- Kannst du es denn wirklich gebrauchen? (Einen Wunsch aus vergangener Zeit, der überflüssig und letztlich eine große Enttäuschung war, können alle Eltern anführen.)
- Hast du denn auch schon geprüft, ob es dasselbe nicht auch von einer anderen Firma gibt, vielleicht sogar billiger, besser, mit mehr Funktionen oder in einer passenderen Farbe?
- Worauf würdest du denn verzichten, um es zu bekommen?

können. Geben Sie ihm ausreichend Zeit, sie zu beantworten, denn schließlich soll es ja weitere Erkundigungen einziehen. Ein solches Gespräch kann gut in zwei oder auch mehr Etappen erfolgen. Der Sinn ist, dass sich Ihr Kind ausführlich mit seinem Wunsch beschäftigt. Oftmals wird es bei der Beantwortung dieser Fragen feststellen, dass das Objekt seiner Begierde so begehrenswert dann eigentlich doch nicht ist.

Verzicht ist normal – das müssen Kinder lernen

Gerade in unserer Leistungsgesellschaft müssen Kinder lernen, dass auch Verzicht und Frustration zum normalen Leben gehören. Wer das nicht schon als Kind erlebt hat, ist diesen Erfahrungen später in seiner Ausbildung oder im Beruf unvorbereitet ausgeliefert. Nicht wenige junge Erwachsene reagieren auf diese für sie neuen Situationen mit Realitätsflucht. Sie greifen zu Alkohol, Drogen oder Tabletten oder verfallen der Spielsucht. Diese Suchterkrankungen sind häufig eine Folge davon, dass das Selbstwertgefühl der Kinder von ihren Eltern unzureichend gefördert wurde. Vielleicht waren materielle Werte wichtiger als persönliche Zuwendung, und so etwas hinterlässt Spuren.

In neueren Studien wurde im Zusammenhang von Konsumverhalten und Sucht festgestellt, dass schon Kleinkinder mit einer Spielwaren-Schwemme überfordert werden. Es liegt auf der Hand, dass die Entwicklung der kindlichen Fantasie bereits im frühesten Stadium durch den Ausstoß der Spielwaren-Industrie erheblich eingeschränkt wird. Immer mehr Eltern wollen dem entgegenwirken. Sie melden ihre Kinder in so genannten spielzeugfreien Kindergärten an. Dort sammeln die Kinder z. B. in der freien Natur Materialien, aus denen sie anschließend gemeinsam Spielutensilien basteln. Solche Dinge besitzen einen ganz eigenen Wert und werden selten leichtfertig oder gar mutwillig zerstört, sondern äußerst sorgfältig behandelt. Die Eltern dieser Kinder meinen, dass sich diese positiven Erfahrungen auch im späteren Umgang mit Geld bemerkbar machen.

Mit Frust fertig zu werden ist auch für Kinder bestimmt nicht einfach. Je früher damit begonnen wird, desto schneller gewöhnen sie sich daran.

Paradiesische Zustände schaden auf Dauer

Eine zu schnelle und unüberlegte Erfüllung aller Wünsche ist für Eltern zwar bequem, weil sie lästige Diskussionen erspart. Den Kindern allerdings hilft dies denkbar wenig bei der Vorbereitung auf das wirkliche Leben. Wenn allen Forderungen nachgegeben wird, wächst die Erwartungshaltung der Kinder ins Unermessliche. Aufgrund ihrer bisherigen Erfahrung glauben sie, das würde unbegrenzt so weitergehen, paradiesische Zustände also. Und es übt ja auch einen gewissen Reiz aus, die Grenzen richtig auszureizen! Doch irgendwann ist das Ende jeder Steigerungsmöglichkeit erreicht und der Absturz vorprogrammiert. Bestes Beispiel hierfür ist so mancher Popstar, der trotz seiner locker gescheffelten Millionen plötzlich pleite ist.

Wem dagegen Geld nicht so leicht zufliegt, der weiß in der Regel dessen Wert besser zu schätzen und überlegt zweimal, ob er es sinnlos und unüberlegt für eigentlich völlig unsinnige Dinge verprassen möchte. Deshalb ist es auch durchaus angebracht, dass Kids ab einem gewissen Alter für ihre Extrawünsche kleine Nebenjobs annehmen. Eine bessere Vorbereitung auf die Leistungsgesellschaft gibt es kaum – und bei den Wünschen trennt sich schnell die Spreu vom Weizen, wenn für ihre Erfüllung selbst mühsam gearbeitet werden muss.

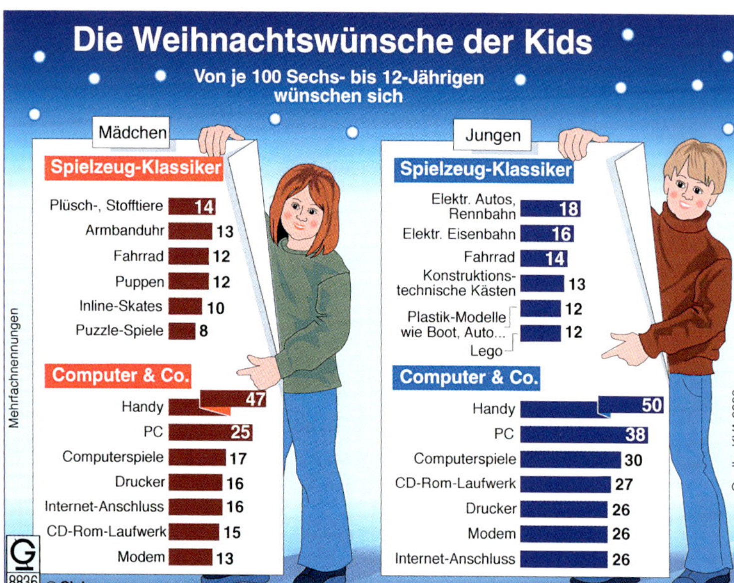

Gefahren für Einzelkinder und Kinder von allein Erziehenden

Größer noch als normalerweise bei Kindern mit Geschwistern ist die Gefahr der Verwöhnung bei Einzelkindern und zum Teil auch bei Kindern von allein Erziehenden – hier sprechen Psychologen sogar oft von einer regelrechten Verwöhnfalle. Einzelkinder sind innerhalb der Familie meistens die Stars und werden gleich von mehreren Generationen mit Geschenken und Geld geradezu überschüttet.

Sie müssen nicht teilen, kaum Verzicht üben und eher selten Kompromisse mit ihren Eltern schließen, weil weder Bruder noch Schwester ebenfalls mit Wünschen im Türrahmen stehen. Entsprechend häufig ist zu beobachten, dass viele Einzelkinder ihr Taschengeld mit vollen Händen ausgeben – sie sind reichlich Nachschub gewöhnt. In besonders drastischen Fällen haben Prinz oder Prinzesschen nie gelernt, ein Gefühl für Geld zu entwickeln. Folglich können sie später auch nicht damit umgehen und es eigenverantwortlich verwalten. Die Erwachsenen berauben sie, so gut sie es mit ihren Geldgaben auch meinen mögen, dieses wichtigen Lernprozesses. Und dabei spielt es keine Rolle, ob die Ursache in der Einzelkindsituation zu suchen ist oder im notorisch schlechten Gewissen von allein Erziehenden, die gezwungenermaßen wenig Zeit für ihre Kinder erübrigen können.

Geldgeschenke oder Geld als Akt der Wiedergutmachung sollten wir nicht verwechseln mit kleinen Aufmerksamkeiten, die jedem Menschen Freude machen.

Gefühle kann man nicht kaufen

Regelrecht gefährlich wird es, wenn materielle mit emotionalen Zuwendungen verwechselt werden. Kinder, die während einer Trennungsphase weniger Aufmerksamkeit bekommen oder sogar in elterliche Streitigkeiten hineingezogen werden, sind nach Beobachtungen von Jugendpsychologen oft frühreif und stellen (als Ausgleich?) überzogene materielle Ansprüche.

Weil mittlerweile aber schon jedes dritte Kind unter 18 Jahren nicht mehr in einer Familie mit seinen beiden leiblichen Eltern lebt, tut sich diese besondere Gefahr also bei vielen Kindern und Jugendlichen auf. Nicht selten will sich der Elternteil, der nicht überwiegend mit dem Kind zusammenlebt, seine Zuneigung erkaufen. Dafür richtet er vielleicht eine überteuerte Geburtstagsparty aus, finanziert eine kostspielige Ferienreise oder überschüttet das Kind in anderer Form mit Geld und Geschenken. Auch solche Kinder bekommen eine völlig falsche Einstellung zum Konsumverhalten, da Geld und materielle Werte überbewertet werden. Ganz zu schweigen von dem schlechten Beispiel, das Eltern(-teile) damit ihren Kindern geben.

Wenn Wünsche nach begehrten Marken wuchern

Welche Bedeutung Marken für unsere Kinder haben, zeigen aktuelle Kinder-Verbraucheranalysen. Nike, Adidas, Puma, Nokia, Miss Sixty, Esprit, S. Oliver, Buffalo, Levis und Sony – wenn Ihr Kind also diese Markennamen auf seinen Wunschzettel schreibt, befindet es sich in bester Gesellschaft. Denn das sind die Top-Marken der unter 18-Jährigen. Zum Leidwe-

Blitzübersicht: Welche Folgen kann das Verhalten der Eltern bei Wunscherfüllungen nach sich ziehen?

Verhaltensweisen der Eltern	Folge bei den Kids, was lernen sie daraus	Bewertung
Produktwünsche werden nicht so leicht erfüllt	Jugendliche müssen mit Eltern verhandeln, lernen Kompromissbereitschaft. Sehr gute Lernsituation für Kids, sie müssen für ihr Ziel Argumente liefern und daran arbeiten.	Sehr gut
Produktwünsche werden nicht oder sehr schwer erfüllt	Große Spannungen innerhalb der Familie, besonders wenn Eltern nicht bereit sind, über Gründe zu reden. Geld erhält bei den Kids einen zu hohen Stellenwert, weil kaum Wünsche erfüllt werden. Keine Lernsituation.	Schlecht
Produktwünsche werden immer oder sehr leicht erfüllt	Keine Lernsituation für Kids, da sie für ihre Ziele nicht argumentieren oder kämpfen müssen. Sie lernen weder Kompromisse zu schließen, noch über Geld zu reden und es einzuteilen.	Ganz schlecht

sen vieler Eltern natürlich, denn alle diese Marken gehören nicht unbedingt zu den preiswertesten, im Gegenteil. Nur eine einzige Billigmarke schaffte es in die Wunsch-Hitliste der Kinder und Jugendlichen, und das sogar an die dritte Stelle: die Kleidung von H&M.

Aber wie sollen sich Eltern nun verhalten, wenn ihr Kind statt der Sportschuhe von Aldi für neun Euro unbedingt die Kulttreter von Adidas für den fünf- oder gar zehnfachen Preis haben möchte? Zunächst sollte mit dem Kind geklärt werden, ob es sich bei dem Schuhwunsch um einen echten Bedarf handelt, weil die alten Schuhe zu klein geworden oder kaputt sind, oder ob es sich um das Zweitpaar handelt, um sich in den »In-Schuhen« zeigen zu können. Je nach Motivation für die neuen Schuhe bieten sich verschiedene Möglichkeiten an.

Im Fall des Zusatzbedarfs:

- Eltern und Kind könnten sich darauf verständigen, dass dieser Wunsch beim nächsten besonderen Anlass, etwa zu Weihnachten oder zum Geburtstag, erfüllt wird. Das wird natürlich nur dann funktionieren, wenn der besondere Anlass nicht in allzu weiter Ferne liegt.
- Die Eltern könnten dem Kind die Erlaubnis erteilen, sich seinen Wunsch sofort mit Geld vom eigenen Sparkonto zu erfüllen, sofern Ersparnisse vorhanden sind.

Bei einer umgehend nötigen Ersatzbeschaffung:

- Hier bietet sich an, eine Kostenteilung auszuhandeln. Die Eltern zahlen nicht den vollen Betrag der teureren Schuhe, aber mindestens so viel, wie eine preiswertere Lösung kosten würde. Den Rest gibt das Kind aus seinen Ersparnissen dazu.
- Sind keine Ersparnisse vorhanden, könnten sich Eltern ausnahmsweise auch einmal zu einer Kreditvergabe entschließen. Schließlich wird damit ein vernünftiger Gegenwert über den Tag hinaus erworben.

Ausnahmen bestätigen die Regel: Konsequenzen im Zusammenhang mit der elterlichen Kreditvergabe sind auch für später wichtig.

Je nach der von Ihnen und Ihrem Kind gewählten Möglichkeit lassen sich mit der Erfüllung eines solchen Wunsches positive Nebeneffekte erzielen: Ihr Kind macht die Erfahrung, dass es auf etwas anderes verzichten muss, wenn ihm dieser besondere Wunsch erfüllt werden soll. Es wird also gezwungen, zunächst einmal die Wichtigkeit seines Wunsches zu überdenken. Außerdem wird ihm in einer solchen Situation klar, dass Sparen durchaus Sinn macht.

Elternkredite – nur im Ausnahmefall

Nun lautet zwar eine der Taschengeldgrundregeln, dass Eltern keine Vorschüsse oder Kredite gewähren. Bei der Anschaffung von zumindest vorerst bleibenden Werten aber wäre es durchaus zulässig. Auch dabei lernt das Kind etwas Wichtiges für sein späteres Leben: Wenn es sich nämlich einen Wunsch auf Pump erfüllt, wird es in den nächsten Wochen und/oder Monaten finanziell stark eingeschränkt sein, denn das Taschengeld ist vorübergehend knapp. Es spürt, dass sofortiger Konsum, der über die eigenen Verhältnisse geht, mit Einschränkungen in der Zukunft verbunden ist. Eine heilsame Erfahrung, die manche Menschen zum ersten Mal mit einem Bankkredit machen – dann aber ohne schützende oder helfende Hand der Eltern. Helfen Sie Ihrem Kind also frühzeitig, seine eigenen Wertigkeiten zu ordnen. Verweisen Sie auf kleinere Ausgaben in der Vergangenheit, die Ihr Kind inzwischen bereut. Hätte es vorher besser überlegt, hätte es dieses Geld vermutlich gespart und könnte sich seinen Wunsch problemlos erfüllen. Manchmal wirkt das.

Um bei der Vergabe von Elternkrediten den gewünschten Lerneffekt auch wirklich zu erzielen, sollten jedoch ein paar Regeln dringend beachtet werden:

- Die ausgehandelten Raten müssen konsequent und in gleich bleibender Höhe von den nächsten Taschengeldzahlungen einbehalten werden.
- Damit das Kind die Einschränkung auch spürt, sollte der Abzug etwa ein Viertel bis ein Drittel des regelmäßigen Taschengeldbetrages ausmachen.
- Eine höhere Kürzung ist nicht sinnvoll, weil das Taschengeld prinzipiell eine verlässliche und planbare Größe sein sollte.
- Der Abzug sollte sich auch nicht über einen längeren Zeitraum als sechs Monate erstrecken, damit das Kind das Ziel im Blick hat und sich auf sein volles Taschengeld in absehbarer Zeit freuen kann.

Ein guter Zeitpunkt übrigens, um Ihr Kind zum Sparen anzuregen. Möchte es den vorübergehend vom Taschengeld einbehaltenen Betrag vielleicht künftig regelmäßig zur Bank zu bringen? Und denken Sie daran:

Werbung ist heute so gut gemacht, dass dafür sogar Preise vergeben werden. Da wundert es nicht, dass unsere Kinder sich davon beeindrucken lassen.

Diese Entscheidung trifft Ihr Kind freiwillig, niemals unter elterlichem Zwang. Ihr Argument dürfte allerdings einleuchten: »Den nächsten Wunsch könntest du dir von dem vorher bereits gesparten Geld erfüllen.«

Machen Sie sich die Werbung zunutze

Als Erwachsene wissen wir zwar, dass ein viel beworbenes Produkt nicht zwangsläufig besser ist als eine weniger oder gar nicht beworbene No-Name-Alternative. Und wir wissen auch, dass wir mit dem Kaufpreis die Werbung letztlich mitfinanzieren. Von unseren Kindern können wir diesen Ein- und Durchblick allerdings noch nicht erwarten.

Deshalb bist es völlig unfruchtbar, dem Kind mit Belehrungen wie »Das ist doch überteuert, das kannst du auch billiger haben« beizukommen. Wenn ein Kind sich in den Kopf gesetzt hat, es müssten unbedingt die aus der Werbung bekannten Kartoffelchips sein statt diejenigen von Aldi oder Lidl, werden wir es auch mit erklärenden Worten nicht davon abbringen können. Trotzdem können wir dem Kind helfen – eben nicht mit Belehrungen, sondern durch echte Erfahrungen, die es selbst macht: Lassen Sie Ihr Kind seine teure Wunschware erstehen. Und kaufen Sie für dasselbe Geld ein identisches No-Name-Produkt ohne Verpackung. Präsentieren Sie Ihrem Kind, was Sie mit derselben Geldmenge erwerben konnten, und vergleichen Sie die beiden Warenmengen. Ist die Qualität wirklich identisch, wird Ihr Kind beim nächsten Wunschkauf unaufgefordert darüber nachdenken und sich dann zwischen den beiden Möglichkeiten entscheiden: Entweder gönnt es sich für das vorgesehene Geld eine wesentlich größere Menge oder es bleibt bei der gewünschten Menge, muss aber erheblich weniger Geld dafür hinlegen.

Schülerjobs und Geldgeschäfte – alles, was erlaubt ist

Hunde ausführen, Zeitungen austragen, Babys spazieren fahren – irgendwann zwischen dem 12. und 15. Geburtstag kommen Kinder ganz von selbst auf die Idee, ihr Taschengeld durch kleine Jobs aufzubessern. Manche Eltern halten das für eine recht gute Vorbereitung auf unsere Leistungsgesellschaft, anderen ist es gar nicht recht, wenn ihre Kinder Nebenjobs annehmen.

Sollen Eltern Taschengeldjobs zustimmen?

Das Taschengeld reicht nicht für die spontane Erfüllung eines Wunsches und das Sparbuch ist mal wieder leer – früher oder später suchen die Kinder nach Möglichkeiten, sich ihr Taschengeld aufzubessern. Zum Teil wird das von Eltern sogar angeregt. Und der erste Gedanke ist meist der bequemste Weg: Unsere Kinder bewerben sich bei uns um einen Job, indem sie Extrahilfen im Haushalt anbieten. Für normale Arbeiten im Haushalt sollten wir unsere Kinder allerdings nicht bezahlen. Schließlich soll der Nachwuchs sich am Gemeinschaftsleben beteiligen und nicht für jeden Handschlag zusätzlich kassieren. Mütter werden ja auch nicht dafür bezahlt, dass sie waschen oder kochen.

Korrektheit wird auch in den kleinsten Jobs vorausgesetzt. Wenn wir Extraaufgaben im eigenen Haushalt löhnen, sollten wir auf ordnungsgemäße Ausführung achten.

Das Zimmer aufräumen, die Schuhe putzen, den Müll wegbringen und beim Einkauf helfen sollte zum Normalprogramm gehören – und folglich von den Kindern zum Nulltarif erledigt werden. Je nach Alter könnten noch weitere Aufgaben zur Pflicht werden – abhängig von der familiären und schulischen Situation. Und was Extraaufgaben sind, müssen Eltern selbst entscheiden. Gehören für Sie Rasenmähen, Unkrautjäten, Autowaschen, Fensterputzen und ähnliche, in regelmäßigen Abständen anfallende Beschäftigungen zum Pflichtprogramm Ihres Sprössling? Oder sind Sie bereit, ihn dafür zu entlohnen? Achten Sie in jedem Fall darauf, dass alle häuslichen und außerhäuslichen Nebenbeschäftigungen altersgemäß sind und für Hausaufgaben und Hobbys noch ausreichend Zeit vorhanden ist.

Was das Gesetz verbietet, können Eltern nicht genehmigen

Mancher Arbeitgeber missachtet die Regeln, vielleicht lediglich aus Unwissenheit. Informieren Sie ihn.

Auch der Gesetzgeber weiß, dass Kinder gegen Entlohnung Arbeiten verrichten. Deshalb schreibt er in den Arbeitsschutzgesetzen vor, dass die jeweilige Beschäftigung zunächst den Fähigkeiten und Interessen des Kindes zu entsprechen hat. Ungeachtet dessen, ist Kinderarbeit bei uns verboten. Das bedeutet, dass Kinder und Jugendliche in unserer Gesellschaft gesetzlich davor geschützt werden, über ihre Kräfte arbeiten zu müssen oder ausgenutzt zu werden. Deshalb dürfen Kinder erst ab 13 Jahren und dann mit eingeschränkter Stundenzahl beschäftigt werden. Und nicht alle Tätigkeiten sind erlaubt. 13-Jährige dürfen nachmittags oder in den frühen Abendstunden Zeitungen austragen, bei der landwirtschaftlichen Ernte oder bei sportlichen Veranstaltungen helfen. Jugendliche über 15 Jahren dürfen während ihrer Schulferien insgesamt maximal vier Wochen pro Jahr jobben.

Grundsätzlich gibt es aber auch die Vorschrift, dass ein Nebenjob nicht mehr Zeit und Energie des Kindes kosten darf, als es ohne Probleme erübrigen kann. Für Schule, Lehre, Studium oder andere Ausbildungsgänge muss ausreichend Zeit übrig bleiben. Das Kind oder der Jugendliche muss ausgeruht und ausgeschlafen seiner eigentlichen Ausbildung nachgehen können. Überspitzt formuliert: Was nützt es, während des Studiums viel Geld zu verdienen, wenn im 43. Semester noch immer kein Abschluss in Sicht ist? Es muss also die richtige Balance zwischen Ausbildung, Nebenjob und Freizeit gefunden werden.

Blitzübersicht: Gesetzliche Regelungen für Kinder- und Jugendarbeit

Ab 13 Jahren:	Maximal zwei Stunden täglich, in landwirtschaftlichen Familienbetrieben drei Stunden, nicht nach 18 Uhr abends, nicht vor acht Uhr morgens bzw. vor dem Schulunterricht
Voraussetzungen:	Erlaubnis des Sorgeberechtigten, Tätigkeiten müssen leicht und für Kinder geeignet sein, Sicherheits- und Gesundheitsgefahren müssen ausgeschlossen sein
Ab 15 Jahren:	Maximal acht Stunden am Tag, als Ferienjobs maximal vier Wochen pro Jahr, vor sechs Uhr morgens und nach 20 Uhr abends nur mit Ausnahmegenehmigung
Voraussetzungen:	Erlaubnis des Sorgeberechtigten, Pausenzeiten müssen eingehalten werden: ab viereinhalb Stunden 30 Minuten Pause, ab sechs Stunden 60 Minuten Pause

Der Job des Kindes – auch eine Angelegenheit der Eltern

Ob Ihr Kind reif für einen kleinen bezahlten Job ist und sich dieser mit seinen schulischen Leistungen und den sonstigen Verpflichtungen vereinbaren lässt, können Sie als Eltern nur individuell entscheiden – und natürlich sollten Sie darüber mit Ihrem Kind ausführlich sprechen. Generell hat sich die Ansicht durchgesetzt, dass Schülerjobs einen begrüßenswerten erzieherischen Effekt haben. Doch je jünger der Nachwuchs ist, desto mehr ist er bei seiner Suche nach eigenen Verdienstmöglichkeiten auf die Hilfe seiner Eltern angewiesen.

Das heißt nicht, dass Eltern ihren Kindern die Arbeitssuche abnehmen, sondern dass sie vielmehr Hilfe zur Selbsthilfe leisten sollen, indem sie Ideen einbringen. Kinder könnten

- bei Verwandten, Nachbarn, Freunden, Bekannten ihre Dienste anbieten,
- in Geschäften, Einkaufszentren und Sportstudios Aushänge mit Jobgesuchen machen oder nach solchen Ausschau halten,
- Kleinanzeigen in lokalen Zeitungen, Wochen- oder Anzeigenblättern durchstöbern oder eventuell selbst eine Anzeige aufgeben,
- beim Schüler- und Studentendienst des Arbeitsamtes nachfragen.

Schon vor der Jobsuche sollten die möglichen Tätigkeiten zugunsten einer schnelleren Entscheidung eingegrenzt werden. Der Jugendliche muss sich überlegen, welche Tätigkeiten in welchen Bereichen er annehmen möchte und was für ihn gar nicht infrage kommt. Wenn das arbeitswillige Kind noch sehr jung ist, können Eltern – ohne allzu große Bevormundung – in einem gemeinsamen Gespräch Überlegungen ihres Kindes in die richtige Richtung steuern.

Bringen Sie Ideen ein

Aller Anfang ist schwer – auch die Suche nach dem Nebenjob. Nutzen Sie als Eltern Ihr Wissen und Ihre Beziehungen und seien Sie »Türöffner«. Für Sie selbst ist dies mit zwei Vorteilen verbunden. Sie wissen zum einen definitiv, für wen Ihr Kind arbeitet und um welche Art von Arbeit es sich handelt, und können zum anderen aus diesem Wissen heraus leicht eingreifen, falls es einmal Probleme zwischen »Arbeitgeber« und »Arbeitneh-

Durch ihren Job erhalten Kinder einen guten Einblick in die Arbeitswelt. Sie lernen zu verstehen, warum bei Eltern der Euro nicht immer locker sitzt.

mer« oder mit dem Job überhaupt geben sollte. Außerdem machen Sie Ihrem Kind damit deutlich, dass Sie seine eigenen Anstrengungen nicht nur gutheißen, sondern auch unterstützen. Sie erteilen eben nicht nur kluge Ratschläge, sondern wirken auch aktiv an deren Umsetzung mit. Gerade hier kann ein wichtiger Grundstein für ein gutes Verhältnis in der bevorstehenden schwierigsten Phase des Kindes gelegt werden – denn wenn die Kinder für einen Job alt genug sind, stecken sie meist mitten in der Pubertät. Elterliche Hilfe bei der Jobsuche ist in dieser Entwicklungsstufe ein positiv prägendes Erlebnis.

Blitzübersicht: Diese Nebenjobs bieten sich an

Ohne besondere Kenntnisse und Fähigkeiten:

- Aushilfstätigkeiten in Geschäften und Supermärkten, auf dem Wochenmarkt, in Cafés und Gaststätten (für Minderjährige allerdings nicht in den Abendstunden) übernehmen
- Für Apotheken mit dem Fahrrad, dem Mofa oder zu Fuß Botendienste erledigen
- Zeitungen, Kataloge und Werbeprospekte austragen
- An der Tankstelle oder Waschstraße helfen
- Für Nachbarn das Auto reinigen
- Kleine Hausmeisterdienste erledigen
- Im Haushalt helfen, z. B. das Treppenhaus oder die Fenster reinigen
- Babysitten, Kinder vom Kindergarten abholen oder auf dem Spielplatz beaufsichtigen
- Schulkinder bei den Hausaufgaben betreuen
- Spielnachmittage für Kinder veranstalten oder Hilfe bei Kindergeburtstagen anbieten
- Kranke oder ältere Menschen betreuen, für sie einkaufen oder ihnen vorlesen
- In der näheren Umgebung Gartenarbeiten verrichten, z. B. den Rasen mähen oder sprengen, Blumen gießen
- Für Nachbarn während deren Urlaub Pflanzen oder Tiere hüten
- Hunde ausführen
- Pferde versorgen
- Tierarztbesuche erledigen

Mit besonderen Kenntnissen oder unter Einbringung der eigenen Hobbys:

- Musikunterricht für Anfänger geben
- Auf Festen oder Veranstaltungen ein Musikinstrument spielen
- Bei Partys und anderen Veranstaltungen als Discjockey, Zauberkünstler oder Alleinunterhalter auftreten
- Nachhilfeunterricht erteilen
- PC-Arbeiten übernehmen
- Kleinere technische Arbeiten übernehmen, z. B. Fahrräder oder Geräte reparieren, Bilder aufhängen
- Seidentücher bemalen
- Oster- und Weihnachtsschmuck basteln

Für manche Eltern jedoch ist der Gedanke äußerst befremdlich, dass ihr Kind für ein – womöglich geringes – Entgelt irgendwo und irgendwas arbeiten soll.
Mit hauptsächlich zwei Argumenten lehnen sie einen bezahlten Nebenjob ihrer Kinder ab: »Sie sollen erst mal zu Hause helfen« oder »Uns geht es finanziell gut, unser Kind hat das nicht nötig«. Dem Kind nützt leider weder der eine noch der andere elterliche Gedanke bei seinen eigenen Überlegungen.

Respekt vor dem Engagement des Kindes

Unfair gegenüber dem Kind wäre es, seinen Nebenjob für eine Taschengeldaufbesserung mit dem Hinweis auf eine zu Hause unentgeltlich zu leistende Arbeit abzulehnen. Wir wissen ja nun, dass die Erledigung von Gemeinschaftsaufgaben in der Familie auch für das Kind selbstverständlich sein sollte, in einem gewissen Rahmen jedenfalls. Nun wäre es absolut kontraproduktiv, das Kind mit weiteren Aufgaben zu überschütten, weil es angesichts seines Arbeitswunsches vermeintlich über zu viel Freizeit verfügt. Wenn Eltern doch Zusatzaufgaben übertragen wollen, müssten sie diese als Akt der Fairness auch entsprechend honorieren.

Unterschätzen Sie nicht die Anforderungen, denen ein Jugendlicher mit seinem Nebenjob gerecht werden muss. Er hat auch noch einen Hauptjob.

Das zweite Argument »Unser Kind hat das nicht nötig« wird erfahrungsgemäß gar nicht so oft von jenen Eltern angeführt, die tatsächlich über größere finanzielle Möglichkeiten verfügen. Viel häufiger ist es von denen zu hören, die sich den Anschein eines relativen Wohlstands geben wollen. Dabei scheint es ihnen weniger um das »Seelenheil« ihres Kindes zu gehen, sondern um den Eindruck, der in ihrer Umgebung entstehen könnte. Ein solches Verhalten erinnert wieder an das größte Auto in der Reihenhausiedlung, das in erster Linie nicht angeschafft wird, weil man es sich leisten kann und den PS-Protz wirklich benötigt, sondern um die Nachbarn zu übertrumpfen.

Geldverdienen macht Spaß

Eltern, denen es auf Grund ihrer eigenen Leistungen finanziell deutlich besser geht als anderen, haben tatsächlich oft ein sehr großes Interesse daran, diese Leistungsbereitschaft auch von ihren Kindern zu fordern. Da-

für aber gibt es keinen besseren Weg als den einfachen Satz: »Wenn du mehr willst, dann musst du es dir selbst erarbeiten.«
Dass diese Einstellung richtig ist, zeigt sich sehr bald, nämlich dann, wenn das Kind das erste selbst verdiente Geld stolz präsentiert. Hinzu kommt, dass die Kinder meist dankbar sind, nebenbei Geld verdienen zu dürfen.
In diesen Fällen müssen sich Eltern kaum noch Gedanken darüber machen, ob ihr Kind die richtige Einstellung zu materiellen Werten entwickelt und den Wert des Geldes zu schätzen gelernt hat. Denn wer selbst erfahren hat, dass er für eine Kinokarte erst einmal eine oder zwei Stunden arbeiten muss, bei dem erübrigen sich belehrende Vorträge und Binsenweisheiten über den sorgsamen Umgang mit Geld.

Kinder und Geldgeschäfte – und was die Gesetze dazu sagen

Ihr Kind ist stolz auf sein selbst Verdientes – ganz zu Recht. Sind Sie es doch auch!

Spätestens dann, wenn das Kind nebenbei eigenes Geld verdient, taucht eine Frage auf: Welche gesetzlichen Regeln gibt es eigentlich für die Geldgeschäfte der Kinder? Die Antworten darauf finden wir im Bürgerlichen Gesetzbuch (BGB). Denn das BGB kennt bei den so genannten natürlichen Personen bestimmte Altersgrenzen. Je älter jemand ist, desto stärker nimmt er am Rechtsverkehr teil. Das heißt, er darf sich in immer höherem Maße vertraglich verpflichten und muss im Ausgleich dazu auch immer stärker für seine Fehler haften. Dass Eltern nicht unbeschränkt über ihre Kinder bestimmen dürfen, ist im BGB nachzulesen.
Gar nicht wie ein Gesetzestext, sondern eher wie eine Ermahnung, heißt es in § 1626 Abs. 2 BGB: »Bei der Pflege und Erziehung berücksichtigen die Eltern die wachsende Fähigkeit und das wachsende Bedürfnis des Kindes zu selbstständigem, verantwortungsbewusstem Handeln. Sie besprechen mit dem Kind, soweit es nach dessen Entwicklungsstand angezeigt ist, Fragen der elterlichen Sorge und streben Einvernehmen an.« Vater oder Mutter neigen aber unglücklicherweise oft dazu, die Reife des eigenen Kindes zu unter- oder überschätzen.
Um Eltern und Richtern Anhaltspunkte für die Entwicklungsstufen eines Kindes zu geben, sieht das Gesetz deshalb für bestimmte Entscheidungen Altersgrenzen vor.

Schule und Jobben

Von je 100 Schülern im Alter von 17 Jahren haben zum ersten Mal gejobbt (z.B. regelmäßig Babysitten, Rasenmähen, Aushilfsdienste in Betrieben oder Gaststätten)

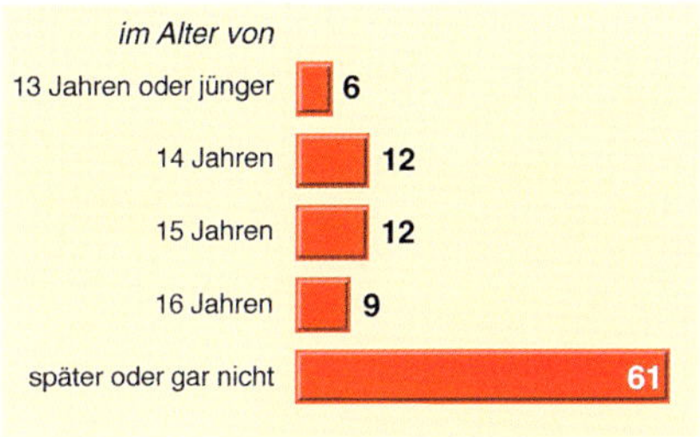

Durchschnittliche Schulnoten im letzten Zeugnis

Fach	*„Jobber“*	*„Nicht-Jobber“*
Deutsch	2,9	2,8
Mathematik	3,1	3,0
Erste Fremdsprache	2,9	2,9

8971 © Globus

Quelle: SOEP, DIW Berlin 2003; Befragung zwischen 2000 und 2002

Die Rechtsfähigkeit beginnt mit der Geburt

Nach dem BGB ist jeder Mensch bereits mit der Vollendung seiner Geburt zwar rechtsfähig, aber noch nicht geschäftsfähig. Das heißt, er darf Unterhalt verlangen und man kann ihm eine Leistung versprechen (Rechtsfähigkeit). Solange das geborene Kind geschäftsunfähig ist, kann es keine Verträge schließen, und es haftet auch nicht für Handlungen, die Schäden verursachen. Das BGB ist mit dem Zeitpunkt der Rechtsfähigkeit aber nicht ganz konsequent. So kann das Ungeborene schon vor seiner Geburt erben: Es gilt »als vor dem Erbfall geboren« (§ 1923 Abs. 2 BGB). Außerdem stehen ihm schon die elementaren Grundrechte auf Leben und körperliche Unversehrtheit zu, befand das Verfassungsgericht. Schließlich kann sogar ein noch nicht gezeugter Nachkomme mit einem Vertrag begünstigt oder als Nacherbe eingesetzt werden. Die Wahrnehmung der Interessen eines geschäftsunfähigen Kindes erfolgt im Normalfall durch die Eltern bzw. einen Vormund. Allerdings müssen sich bei manchen Rechtsgeschäften für das Kind sogar die Eltern eine Genehmigung des Vormundschaftsgerichts besorgen – doch dazu kommen wir noch.

Der Gesetzgeber schützt Kinder und Jugendliche bei ihren Geldgeschäften durch jeweilige Altersgrenzen. Rechte und Pflichten wachsen kontinuierlich.

Vertragsverpflichtungen sind für beschränkt Geschäftsfähige nur im Rahmen des Taschengeldparagrafen bindend. Verträge mit ausschließlichen Vorteilen für sie sind dagegen immer gültig.

Die wichtigsten Taschengeldvorschriften im BGB

§ 107 – Einwilligung des gesetzlichen Vertreters

Der Minderjährige bedarf zu einer Willenserklärung, durch die er nicht lediglich einen rechtlichen Vorteil erlangt, der Einwilligung seines gesetzlichen Vertreters.

§ 108 – Vertragsschluss ohne Einwilligung

(1) Schließt der Minderjährige einen Vertrag ohne die erforderliche Einwilligung des gesetzlichen Vertreters, so hängt die Wirksamkeit des Vertrags von der Genehmigung des Vertreters ab.

(2) Fordert der andere Teil den Vertreter zur Erklärung über die Genehmigung auf, so kann die Erklärung nur ihm gegenüber erfolgen; eine vor der Aufforderung dem Minderjährigen gegenüber erklärte Genehmigung oder Verweigerung der Genehmigung wird unwirksam. Die Genehmigung kann nur bis zum Ablauf von zwei Wochen nach dem Empfang der Aufforderung erklärt werden; wird sie nicht erklärt, so gilt sie als verweigert.

(3) Ist der Minderjährige unbeschränkt geschäftsfähig geworden, so tritt seine Genehmigung an die Stelle der Genehmigung des Vertreters.

§ 109 – Widerrufsrecht des anderen Teils

(1) Bis zur Genehmigung des Vertrags ist der andere Teil zum Widerruf berechtigt. Der Widerruf kann auch dem Minderjährigen gegenüber erklärt werden.

(2) Hat der andere Teil die Minderjährigkeit gekannt, so kann er nur widerrufen, wenn der Minderjährige der Wahrheit zuwider die Einwilligung des Vertreters behauptet hat; er kann auch in diesem Fall nicht widerrufen, wenn ihm das Fehlen der Einwilligung bei dem Abschluss des Vertrags bekannt war.

§ 110 – Bewirken der Leistung mit eigenen Mitteln

Ein von dem Minderjährigen ohne Zustimmung des gesetzlichen Vertreters geschlossener Vertrag gilt als von Anfang an wirksam, wenn der Minderjährige die vertragsmäßige Leistung mit Mitteln bewirkt, die ihm zu diesem Zweck oder zu freier Verfügung von dem Vertreter oder mit dessen Zustimmung von einem Dritten überlassen worden sind.

§ 111 – Einseitige Rechtsgeschäfte

Ein einseitiges Rechtsgeschäft, das der Minderjährige ohne die erforderliche Einwilligung des gesetzlichen Vertreters vornimmt, ist unwirksam. Nimmt der Minderjährige mit dieser Einwilligung ein solches Rechtsgeschäft einem anderen gegenüber vor, so ist das Rechtsgeschäft unwirksam, wenn der Minder-

Die wichtigsten Taschengeldvorschriften im BGB (Forts.)

jährige die Einwilligung nicht in schriftlicher Form vorlegt und der andere das Rechtsgeschäft aus diesem Grund unverzüglich zurückweist. Die Zurückweisung ist ausgeschlossen, wenn der Vertreter den anderen von der Einwilligung in Kenntnis gesetzt hatte.

Ab sieben Jahre erlaubt: Geschäfte mit Taschengeld

Mit dem siebten Geburtstag wird ein Minderjähriger beschränkt geschäftsfähig (§ 106 BGB). Soweit ein Kind vernünftig genug ist, sein Tun einzusehen, muss es jetzt auch für unerlaubte Handlungen und ab zehn Jahren für die Folgen von Unfällen im Verkehr geradestehen (§ 828 Abs. 2 BGB).

Ansonsten kann es nun Verträge schließen, solange ein Erziehungsberechtigter oder der Vormund einwilligt. Wichtig: Ohne eine solche Einwilligung ist ein zwischen dem Minderjährigen und einem Händler geschlossener Vertrag von Anfang an unwirksam. Wer einem Kind also ein Fahrrad verkauft, muss damit rechnen, dass wenige Tage später die Eltern vorbeikommen und das Geschäft rückgängig machen. Davon gibt es Ausnahmen:

Zum einen gibt es den Taschengeldparagrafen (§ 110 BGB, siehe Kasten Seite 68). Der erlaubt es einem beschränkt Geschäftsfähigen, wirksame Verträge zu schließen, solange er die damit verbundenen Verpflichtungen mit seinem Taschengeld bestreiten kann. Gültig ist also ein Kaufvertrag über eine Zeitung, ein Päckchen Sammelkarten oder ein Eis. Doch nicht gültig wäre der Vertrag, wenn der Minderjährige beispielsweise ein teures Rennrad oder einen Computer kauft. Denn jeder vernünftig denkende erwachsene Mensch muss davon ausgehen, dass einem Kind wohl kaum ausreichend Taschengeld für den Rennradkauf zur Verfügung steht. Folge: Die Eltern müssen einwilligen, entweder vorher – dann handelt es sich um eine Zustimmung – oder hinterher, dann handelt es sich um eine Genehmigung.

Zum anderen braucht der beschränkt Geschäftsfähige keine Einwilligung für Verträge, aus denen er lediglich einen rechtlichen Vorteil erlangt. Das sind zum Beispiel Geschenke, solange diese nicht wieder mit weitergehenden Verpflichtungen einhergehen. So wurde lange darüber gestritten, ob man einem Minderjährigen ein Grundstück schenken kann, obwohl damit auch die Verpflichtung für Grundsteuern, Anliegerbeiträge oder Versicherungsprämien einhergeht. Inzwischen sind sich unsere Gesetzgeber darin einig, dass wenigstens bei Grund und Boden die Vorteile schwerer wiegen als die damit verbundenen Nachteile.

Schuldfähigkeit und Mitspracherecht ab 14 Jahren

Der Gesetzgeber sieht vor, dass sich Schuldfähigkeit und Mitspracherecht auf dem Weg zur Volljährigkeit in Etappen steigern.

Der mildere Strafkatalog

Mit Vollendung des 14. Lebensjahrs wird ein Mensch im Sinne des Strafrechts schuldfähig. Das heißt, Kinder unter 14 Jahren kann der Staatsanwalt noch nicht belangen. Für Jugendliche – das sind junge Menschen zwischen 14 und 18 Jahren (§ 1 Abs. 2 Jugendgerichtsgesetz) – gilt allerdings der mildere Strafkatalog des Jugendstrafrechts. Im Zivilrecht muss ein Kind spätestens mit 14 Jahren immer beteiligt werden, wenn es um größere familiäre Entscheidungen geht. So kann beispielsweise ein mindestens 14-jähriges Kind nur dann adoptiert werden, wenn es auch selbst damit einverstanden ist.

Ausnahmegenehmigungen in Richtung Volljährigkeit

Für alle jungen Menschen ist der 18. Geburtstag der Schritt in die Freiheit, auch wenn sie weiterhin die Schulbank drücken und am elterlichen Tisch sitzen. Eltern sollten sie in Gelddingen gut auf diesen Tag vorbereiten.

Mit dem 16. Geburtstag kann ein Minderjähriger ein Testament verfassen. Sein letzter Wille ist jedoch nur dann wirksam, wenn ein Notar sich von der Testierfähigkeit des Minderjährigen überzeugt und diese entsprechend vermerkt hat (§§ 2233, 2247 Abs. 4 BGB). Das Familiengericht kann einem mindestens 16-Jährigen die Erlaubnis erteilen zu heiraten – sofern der künftige Ehepartner volljährig ist. Ein Minderjähriger kann also mit dem 16. Geburtstag die so genannte Ehemündigkeit erreichen (§ 1303 BGB). Vor dem Strafgericht dürfen Jugendliche ab 16 Jahren vereidigt werden (§ 61 Nr. 1 StPO). Man geht nämlich davon aus, dass ein Jugendlicher unter 16 Jahren noch nicht in der Lage ist zu erkennen, welche moralische und rechtliche Bedeutung ein Schwur hat.

Alle Rechte – volle Verantwortung

Mit dem 18. Geburtstag schließlich ist ein Mensch volljährig und damit voll geschäftsfähig. Er kann und darf Verträge schließen, ohne jemanden um Erlaubnis fragen zu müssen. Er unterliegt nicht mehr der elterlichen Sorge – obwohl er noch Unterhaltsansprüche gegen die Eltern haben kann. Er benötigt für ein gültiges Testament keinen Notar mehr und kann nach Gutdünken heiraten. Die Kehrseite der Medaille: Ab jetzt ist er für seine Handlungen auch voll verantwortlich.

Was ist, wenn dem Schüler im Job etwas passiert?
Die drei häufigsten Versicherungsfragen

- **Wer haftet, wenn Jugendliche im Job Schäden verursachen?**
  Bei typischen Arbeitsfehlern, die jedem passieren können (Ware wird aus dem Regal gerissen, etwas fällt aus den Händen), ist das Kind, wie jeder andere Arbeitnehmer auch, nicht haftbar zu machen. Sollte doch eine Haftung verlangt werden, ist sofort die Haftpflichtversicherung der Familie einzuschalten. Sie gilt so lange auch für das Kind, bis es seine Ausbildung abgeschlossen hat. Die Haftpflichtversicherung reguliert Schäden und wendet unberechtigte Forderung auch vor Gericht ab.
- **Wann haftet der Jugendliche selbst?**
  Nur bei vorsätzlich oder mutwillig herbeigeführten Schäden, die auch nicht von der privaten Haftpflichtversicherung gedeckt sind, muss der Jugendliche für den verursachten Schaden geradestehen. Im Einzelfall kann zwar zu prüfen sein, ob das Kind die Folgen seines Tuns überblicken konnte. Dies dürfte aber wegen der für Schülerjobs geltenden Altersgrenzen meist der Fall sein. Schaden kann es also nicht, dem Jugendlichen die Notwendigkeit von verantwortungsbewusstem Handeln deutlich zu machen.
- **Wer zahlt für Unfälle im Schülerjob?**
  Das ist unterschiedlich. Ereignen sie sich im Betrieb des Arbeitgebers, zahlt die gesetzliche Unfallversicherung (Berufsgenossenschaft) für alle Folgen – bei Dauerschäden sogar Rente. Dort sind Schüler automatisch (über den Betrieb) versichert. In anderen Fällen zahlt die Krankenkasse, bei der der Jugendliche (über die Eltern) versichert ist, zumindest die Behandlungskosten. Spätfolgen und Dauerschäden können über eine Kinderunfallversicherung abgedeckt werden – diese müsste allerdings von den Eltern separat abgeschlossen werden.

Eine Haftpflichtversicherung ist in einem Haushalt mit Kindern in jedem Fall sinnvoll. Auch beim Spielen können Schäden verursacht werden, für die sonst Eltern aufkommen müssten.

Eltern müssen für ihr Kind sorgen – das hat nichts mit Taschengeld zu tun

Eine von Kindern beinahe ebenso häufig wie von Eltern gestellte Frage ist übrigens die nach den gesetzlichen Taschengeldvorschriften. Sie wurden nicht etwa vergessen zu erwähnen - es gibt sie einfach nicht. Ganz deutlich: Es gibt keine Paragrafen, Tabellen und Richtsätze, aus denen Minderjährige ihre Taschengeldansprüche ableiten könnten. Die Eltern sind zwar - ob geschieden oder nicht - zum Unterhalt verpflichtet. Aber damit hat es sich bereits. Nirgendwo ist vorgegeben, dass ein Teil dieses Unterhalts den Kindern in bar zusteht. Das überrascht Jugendliche immer wieder, die mit ihren Eltern auf Kriegsfuß stehen und Taschengeld einklagen wollen. Allein den Eltern ist es überlassen, wie sie ihrer Unterhaltspflicht nachkommen. Sie können den Unterhalt ausschließlich in Naturalien erbringen, indem sie das Essen, die Kleidung und die Unterkunft bezahlen. Erst ab der Volljährigkeit, und wenn sie während der Ausbildung nicht mehr zu Hause wohnen, können Kinder Geldforderungen gegen ihre Eltern durchsetzen. Auch da ist aber nicht die Rede von Taschengeld, sondern vom Unterhaltsanspruch.

Zusätzlich zur Unterhaltspflicht tragen die Eltern die Vermögenssorge. Konkret bedeutet das zum Beispiel Folgendes:

Die bittere Wahrheit für minderjährige Kinder: Taschengeld ist nicht einzuklagen. Der Unterhaltsanspruch für volljährige Kinder dagegen schon.

- Soweit das Kind nicht oder nur beschränkt geschäftsfähig ist, entscheiden die Eltern darüber, welche geschäftlichen Vereinbarungen es mit Dritten trifft. Verschenkt ein achtjähriges Kind zum Beispiel sein altes Dreirad, geht das nur mit Zustimmung der Eltern.
- Die Eltern dürfen Geschäfte im Namen des Kindes und mit Wirkung für das Kind machen. So ist es absolut üblich, dass die Sorgeberechtigten ein Sparbuch auf den Namen des Kindes eröffnen, um ihm etwas Kapital für seinen späteren Lebensweg zu sichern.

Auch Eltern wird auf die Finger geschaut

Was Eltern allerdings nicht erlaubt ist, sind die so genannten In-sich-Geschäfte. Stellen wir uns folgenden Fall vor: Ein Vater möchte bei seinem Kind, das eine hohe Erbschaft gemacht hat, einen Kredit aufnehmen. Der Vater zahlt dafür zwar mehr Zinsen, als das Kind für sein Geld auf der Bank bekommen würde, aber dennoch weniger, als ein Kredit dort kostet.

Bei einem solchen Vertragsabschluss darf der Vater sein Kind nicht vertreten. Stattdessen kann ein Pfleger bestellt werden, der wiederum mit den Eltern nicht in gerader Linie verwandt sein darf. Die letzte Entscheidung liegt beim Familiengericht.
Auch für andere Arten von Geschäften muss die Zustimmung des Familiengerichts eingeholt werden (§ 1643 BGB), wenn es sich nämlich um wirtschaftliche Entscheidungen der Sorgeberechtigten für ihren Sprössling handelt, bei denen die Gefahr bestehen könnte, dass sie eher an ihren eigenen Vorteil denken als an den des Kindes. Diese Geschäfte sind in §§ 1821, 1822 BGB festgelegt.

Der Gesetzgeber unterbindet mithilfe des Familiengerichts, dass Eltern ihren eigenen Vorteil zulasten des Vermögens ihres Kindes verfolgen.

Ein Überblick über die wichtigsten Fragen

- **Grundstücksgeschäfte**
  Sobald die Eltern im Namen des Kindes mit Grund und Boden hantieren, muss das Familiengericht eingeschaltet werden. Ausnahme: Es handelt sich um das Aufnehmen oder Löschen einer Hypothek, einer Grundschuld oder einer Rentenlast – denn damit sind nur Vorteile für das Kind verbunden.
- **Vermögensverfügungen**
  Das sind Geschäfte, die das gesamte Vermögen des Kindes betreffen.
- **Erbschaftsangelegenheiten**
  Wenn das Kind auf seinen Pflichtteil verzichten, eine Erbschaft ausschlagen oder annehmen soll, hat das Gericht ein Wort mitzureden.
- **Handelsgeschäfte**
  Wenn das Kind eine GmbH eröffnen oder erwerben möchte oder ihm ein Firmenanteil übertragen werden soll, muss das Gericht gehört werden.
- **Langfristige Miet- oder Pachtverträge**
  Das Gericht entscheidet mit, wenn das Kind ein Landgut oder einen Betrieb pachten will. Bei anderen Mietverträgen muss das Gericht nur dann zustimmen, wenn das Kind zum einen in regelmäßigen Abständen Miete bezahlen muss und zum anderen die Laufzeit des Vertrags so lang ist, dass es in der Zwischenzeit das 18. Lebensjahr vollendet.

Bringt ein Jugendlicher in Erfahrung, dass seine Eltern zu seinem Nachteil solche Geschäfte abgeschlossen haben, könnte er sich an das Vormundschaftsgericht beim jeweiligen Amtsgericht wenden und von den eigenen Eltern sogar Schadenersatzforderungen einklagen.

Mama, ich bin pleite – die häufigsten Fragen und Probleme

Auch wenn Eltern sich konsequent an übernommene oder selbst aufgestellte Taschengeldgrundregeln halten, tauchen im Alltag immer wieder Fragen auf, und es müssen Lösungen für Probleme gefunden werden, auf die keiner vorbereitet war. Manchmal helfen uns Anregungen und Argumente von außen, um für Gespräche mit unseren Kindern gewappnet zu sein.

Schnorren und Kaufhausdiebstahl – sind wir Eltern schuld?

Auch bei Kindern, die ein festes Taschengeld erhalten, kann es finanzielle Engpässe geben. Das merken Eltern spätestens dann, wenn sie um Vorschüsse angebettelt werden. Warum wir einer solchen Forderung nicht ständig nachkommen sollten, wissen wir inzwischen: Unser Kind muss lernen, mit seinem Geld auszukommen, und erfahren, dass es bei einer selbst verschuldeten Pleite nicht gleich auf einen finanziellen Rettungsanker hoffen kann. Dies wäre eine schlechte Vorbereitung auf sein späteres Leben, in dem bei Finanznöten plötzliche Geldspritzen ohne Gegenleistung auch nicht zu erwarten sind.

Auch die Brezel am Pausenstand wird mitunter vom Taschengeld bezahlt. Wenn jedoch das Brot vorher aufgegessen wurde, gehören solche Ausgaben zum Haushalt.

Allerdings sollten Eltern, deren Kind ständig bei ihnen oder bei Verwandten um Nachschlag schnorrt, die eigene Taschengeldpraxis kritisch unter die Lupe nehmen. Fragen Sie sich:

- Ist die Höhe des Taschengeldes noch angemessen?
- Muss mein Kind eventuell zu viele Pflichtausgaben von seinem Taschengeld bestreiten?

Wenn Sie beruhigt beides als Ursache für leere Taschen ausschließen können, sollte gemeinsam mit dem Kind nach den tatsächlichen Gründen gesucht werden. Meistens wird der Sprössling allerdings auf die Frage »Wieso bist du schon wieder pleite?« keine befriedigende Antwort geben können. Hilfreicher ist oft ein kleiner Umweg: Fragen Sie, wie viel Geld er zusätzlich brauchen und wofür er es ausgeben würde. Vielleicht erfahren Sie auf diese Weise, dass das bisherige Fehlverhalten ganz leicht zu korrigieren ist. Bleiben Sie bei Ihren Fragen sachlich. Es macht keinen Sinn, die Ausgaben der letzten Zeit Cent für Cent herauszupressen. Wir kennen das ja selbst: So etwas ist nervig. Und wo unser Geld geblieben ist, können auch wir in den wenigsten Fällen später noch genau nachvollziehen.

Nicht die Geldmenge, sondern die Einteilung ist falsch

Eine gute Möglichkeit, in solchen »Mein-Taschengeld-reicht-einfach-nicht«-Gesprächen zu einem befriedigenden Ergebnis für beide Teile zu kommen, ist folgendes Angebot: Sie stellen Ihrem Kind das gewünschte Geld in Aussicht, verlangen aber im Gegenzug eine Erklärung, welches seiner Ausgabenprobleme damit gelöst wäre. Wieder ein kleiner Trick, mit dem Eltern viel über das Ausgabeverhalten ihres Kindes in Erfahrung bringen können. Stellt sich heraus, dass unverhältnismäßig hohe Ausgaben vielleicht im Zusammenhang mit einem sogar von Ihnen geförderten Hobby anfallen, und sei es nur für die gemeinsame Cola mit der Sportclique nach dem Training, wäre eventuell sogar eine generelle Aufstockung des Taschengeldes zu überlegen. Manchmal tragen Kinder nämlich wie selbstverständlich auch solche Kosten von ihrem Taschengeld, welche die Eltern ebenso dem Haushaltsetat zuschlagen könnten. Getränke nach dem Sport oder ein Snack für den Heißhunger nach dem Training könnten dazugehören.

Einteilen will gelernt sein

Vielfach stellt sich als Ergebnis dieser Gespräche aber auch heraus, dass gar nicht zu wenig Taschengeld gezahlt wird, sondern dass die Kinder nur bei der Einteilung überfordert sind. Deshalb gilt ja die Regel, dass Kinder unter zehn Jahren ihr Taschengeld wöchentlich bekommen sollen. Doch auch die Älteren sind häufig damit überfordert und haben noch nicht das Zeitgefühl für einen Monat, um sich ihr Geld entsprechend einzuteilen. Selbst Erwachsene kennen die Wirkung, wenn sie auf einmal viel Geld in ihren Händen haben: Im ersten Überschwang geben sie mehr aus, als vernünftig wäre. Deshalb sollten Eltern bei ständigen Taschengeldproblemen eine Änderung des Zahlungsrhythmus überlegen. Manche 15-Jährigen empfinden es als Erleichterung und Hilfe, wenn die monatlich vereinbarten Zahlungen wieder in kleinere Häppchen zerlegt und zumindest zweiwöchentlich ausgezahlt werden.

Zusätzlich können Sie Ihrem Kind weitere Hilfen anbieten – denn schließlich muss es allmählich trotz alledem lernen, den Überblick auch über einen längeren Zeitraum zu behalten und die Einteilung des Geldes eigenverantwortlich vorzunehmen.

Selbst Erwachsene besorgen sich Geld in Etappen am Automaten. Eine Hilfe, um den Überblick bis zum Monatsende zu haben. Solche Erklärungen beruhigen Kinder.

Das hilft bei der Einteilung des Taschengeldes

- Das Kind stellt selbst einen Budgetplan auf und teilt sein Geld für die verschiedenen Ausgabenbereiche schriftlich ein.
- Das Geld wird z. B. in einer Kassette mit verschiedenen Fächern so aufgeteilt, dass die unterschiedlichen Ausgabenbereiche getrennt sind.
- Das Kind trägt nur so viel Geld bei sich, wie nach dem aktuellen Ausgabenplan tatsächlich (noch) zur Verfügung steht.

Gerade der letzte Punkt ist besonders wichtig. Denn auch das kennen wir aus eigener Erfahrung: Wer nur einmal im Monat sein verfügbares Bargeld aus dem Bankautomaten zieht, hat wesentlich früher alles ausgegeben als jener, der in wöchentlichem oder 14-tägigem Rhythmus Bares nachtankt.

Geldverleih und »Abziehen« – was Eltern tun können

Die Gelderziehung sollte einen Punkt berücksichtigen, dem viele Erwachsene aus eigener leidvoller Erfahrung zustimmen werden: Es liegt kein Segen darin, Geld zu verleihen. Diesen Grundsatz werden wir Kindern und Jugendlichen, von Ausnahmen abgesehen, nicht wirklich mit Erfolg vermitteln können. Einige negative Erfahrungen müssen sie wohl selbst machen, ehe sich die Erkenntnis durchsetzt, dass die Eltern womöglich doch Recht haben könnten. Auf jeden Fall ist es wichtig, mit ihnen darüber zu sprechen, auch wenn wir damit kaum verhindern, dass dem besten Freund einmal ausgeholfen wird.

Jeder noch so junge Mensch weiß, dass auch ihm im Notfall nicht ausgeholfen wird, wenn er selbst grundsätzlich kein Geld verleiht. Da sitzt das Kind durchaus in der Zwickmühle.

Das vertrauensvolle Gespräch – immer eine gute Basis

Selbst wenn sich Ihr Verdacht bestätigt, dass Geldverleih der Pleitegrund ist, sollte der mahnende Zeigefinger unten bleiben. Mit Weisheiten wie »Siehst du, das habe ich dir doch gleich gesagt – aber wer nicht hören will, muss fühlen« bringen wir uns nur um die Chance eines offenen und ehrlichen Gesprächs. Diplomatischer und psychologisch klüger wäre jedenfalls, Verständnis zu zeigen, die Enttäuschung des Kindes über den

Medienberichten zufolge sind es in der Regel ausgegrenzte Kinder und Jugendliche, die abgezogen werden. Schon deshalb will kein Kind Außenseiter sein.

Freund und das nicht zurückgezahlte Geld aufzufangen und von eigenen negativen Erlebnissen und Erfahrungen mit dem Verleihen von Geld zu erzählen. Vorwürfe und die »Siehste-Reaktion« helfen wenig.

Auf gar keinen Fall sollten Eltern selbst versuchen, beim Schuldner oder dessen Eltern das ihrem Kind zustehende Geld einzutreiben. Kinder und Jugendliche empfinden diese Form der Einmischung als peinlich. Sie befürchten, gegenüber ihren Freunden und/oder der Clique ihr Gesicht zu verlieren, und das zu Recht! Und Ihr Kind erzählt künftig sehr wahrscheinlich nichts mehr im Zusammenhang mit seinen Geldgeschäften.

Das wäre aber wichtig, auch um einer anderen, sehr bitteren Wahrheit hinsichtlich der ständig leeren Taschengeldkasse auf die Spur zu kommen: Wenn es nämlich dafür gar keine Erklärung gibt, wird Ihr Kind möglicherweise »abgezogen«. So verharmlosend der Begriff klingt: Dahinter verbergen sich eiskalte Raubdelikte unter Jugendlichen. Wer den Forderungen einer Gang nicht nachkommt, einmal wöchentlich oder monatlich »Schutzgeld« zu zahlen, dem wird mit Prügel gedroht. Gleiches gilt natürlich auch für den Fall, dass sich der Jugendliche seinen Eltern, Lehrern oder der Polizei anvertraut. Die Jungkriminellen sind übrigens äußerst kreativ. Ihre Einschüchterung ist oft so massiv, dass selbst Kinder mit einem grundsätzlich vertrauensvollen Verhältnis zu ihren Eltern kaum darüber zu sprechen wagen.

Ihr Kind als Kriminalitätsopfer – es gibt Warnsignale

Obwohl hier nicht der Teufel an die Wand gemalt werden soll und nicht jede Taschengeldpleite gleich in der Überlegung münden muss, ob Ihr Kind zu den Opfern dieser Form von Jugendkriminalität gehört: Eltern sollten ihre Antennen ausfahren. Denn es gibt eine Reihe von Warnsignalen, die umso hellhöriger machen sollten, je mehr davon gleichzeitig zu beobachten sind.

Üblicherweise setzt das Ausrauben von Kindern und Jugendlichen eine Gewaltspirale in Gang, denn die einmal erfolgreichen Täter bedrängen ihr Opfer mit zunehmend höheren Forderungen. Es ist keine Seltenheit, dass aus dieser Not heraus das Opfer irgendwann selbst zum Täter wird und den eigenen Eltern Geld entwendet, um die dauernden Erpressungen der Gang erfüllen zu können.

Deutliche Warnsignale, dass Ihr Kind »abgezogen« wird

- Sie merken, dass Ihr Kind ständig kein Taschengeld hat – es klagt aber wenig darüber und möchte keinerlei Angaben dazu machen, wofür es sein Geld ausgegeben hat.
- Sie stellen fest, dass wertvollere Gegenstände Ihres Kindes (Handy, Walkman, CD- oder MP3-Player, einzelne Stücke besonders teurer Markenkleidung) plötzlich abhanden gekommen sind, ohne dass Ihr Kind Erklärungen für deren Verschwinden abgeben kann.
- Sie beobachten einen deutlichen Abfall der Schulnoten oder eine bisher bei Ihrem Kind nicht festgestellte Schulunlust.
- Sie merken, dass das Kind seine Gewohnheiten ändert, vielleicht zu anderen Zeiten als früher aus der Schule kommt, einen anderen Schulweg nimmt, bisher beliebte Freizeitaktivitäten oder Treffs plötzlich meidet.
- Sie hören von Ihrem Kind häufiger Klagen über typische psychosomatische Beschwerden wie Kopfschmerzen, Magen- und Darmbeschwerden oder Schlafstörungen.

Was tun, wenn sich die Befürchtung bestätigt?

Nachdem einige Opfer in den vergangenen Jahren Selbstmord als einzigen Ausweg gesehen und gewählt haben, sind mittlerweile auch Schulen und Polizei für dieses Thema sensibilisiert. Die Erfahrung zeigt, dass es eher kontraproduktiv ist, wenn Eltern ihr Kind bei entsprechenden Warnzeichen selbst ins Verhör nehmen. Wenn es sich schon nicht aus eigener Initiative den Eltern anvertraut, ist ein Gespräch in dieser angespannten Atmosphäre und erheblichen Stresssituation erst recht keine Lösung. Sinnvoller ist es, wenn Eltern zunächst nicht mit dem Kind über ihre Befürchtung sprechen, sondern sich fachkundiger Hilfe bedienen. Über Lehrer und Schulleitung kann der jugendpsychologische Dienst eingeschaltet werden. Außerdem gibt es bundesweit bei jeder Länderpolizei mittlerweile Fachdezernate, die dieser Form von Jugendkriminalität nachgehen und deren besonders geschulte Mitarbeiter (oft sind es Frauen) über das nötige Einfühlungsvermögen verfügen. Von eigenen Aktionen wie heimlicher Beschattung oder gar von dem Gedanken an Faustrecht und Selbstjustiz den (vermeintlichen) Tätern gegenüber ist dringend abzuraten.

Wenn sich Ihre Befürchtung bestätigt, braucht das Kind Mitgefühl. Es war vielleicht über Monate groben Attacken ausgesetzt, ohne zu wissen, wie es den Teufelskreis durchbrechen kann.

Kaufhausdiebstahl – ein Zeichen für zu wenig Taschengeld?

Aber auch mit einer anderen Form der Jugendkriminalität können Eltern Bekanntschaft machen – und erfahren, dass ihr Kind zum Täter geworden ist. Natürlich stehen wir dann völlig ratlos vor dieser Situation: Was tun, wenn unser Kind beim Ladendiebstahl im Supermarkt oder Kaufhaus erwischt wurde oder wenn wir merken, dass es aus dem elterlichen Portemonnaie Geld stibitzt hat, ohne vorher zu fragen? Warum stehlen Kinder überhaupt? Psychologen nennen hierfür viele Gründe und unterscheiden je nach Alter:

- Kleine Kinder lernen oft erst im Vorschulalter, Mein und Dein zu unterscheiden. Bis dahin stecken sie noch häufig bei Freunden oder Verwandten oder im Supermarkt etwas ein, ohne zu fragen oder zu bezahlen. Das hat aber noch nichts mit Diebstahl oder dem Beginn einer kriminellen Karriere zu tun.
- Bei Schulkindern wird es da schon etwas ernster, weil sie bereits das Bewusstsein für fremdes Eigentum entwickelt haben sollten und wissen müssten, dass sie Dinge, die ihnen nicht gehören, nicht einfach nehmen dürfen. Manchmal ist jedoch der Drang, den Konsum zu befriedigen, größer als die Angst, beim Klauen erwischt zu werden. Kinder und Jugendliche werden mit der bunten Produktfülle in den Supermärkten und Warenhäusern ja auch auf harte Proben gestellt.
- Für Jugendliche ist das Stehlen im Kaufhaus leider oft eine Mutprobe, um in der Clique anerkannt zu werden. Es geht ihnen um das Abenteuer, das damit verbunden ist, und weniger darum, sich zu bereichern oder momentane Konsumwünsche zu befriedigen. Experten sprechen mittlerweile sogar schon von Diebstahl als Trendsportart. Die Jugendlichen wissen, dass sie Unrechtes tun, können sich aber dem Gruppenzwang nur schwer entziehen.

Keine Panik, wenn Ihr Kind klaut. Aber die Sache auch nicht unter den Teppich kehren, nach dem Motto, das eigene Nest kann man nicht beschmutzen.

Hilfe, mein Kind klaut

Werden jüngere Kinder von Kaufhausdetektiven oder den eigenen Eltern beim Klauen erwischt, sollten die Eltern zunächst versuchen, ruhig zu bleiben. Das ist bestimmt nicht einfach, aber lautes Donnerwetter bringt im Moment nichts, so verständlich es auch ist. Besser ist es, dem Kind ruhig und gelassen zu erklären, dass die gemopsten Dinge dem Kaufhaus gehören und deshalb an der Kasse zu bezahlen sind. Zu Hause darf der Vorfall dann ruhig noch einmal mit Nachdruck thematisiert werden, um das Kind zum Nachdenken anzuregen und um weiteren Taten vorzubeugen. Die Angst, es könnte sich um erste Anzeichen beginnender krimineller Energie handeln, ist meistens völlig unbegründet. Beinahe jedes Kind und auch jeder Erwachsene hat schon einmal etwas mitgehen lassen. Man denke nur an die vielen Bademäntel und Handtücher, die jedes Jahr aus den Badezimmern von Hotels verschwinden. Und das geht eher selten auf das Konto unserer Kinder.

Prinzipiell können hinter Ladendiebstählen von Jugendlichen auch ernst zu nehmende soziale oder psychische Probleme stecken: Die Jugendlichen leiden unter inneren Konflikten und stehlen manchmal sogar, um erwischt und bestraft zu werden. Häufen sich solche Vorfälle, wollen sie möglicherweise damit signalisieren, dass sie mehr Zeit und Zuwendung brauchen. Überforderte Eltern sollten in diesem Fall psychologische Hilfe in Anspruch nehmen, zu der ihnen die Schule oder das Jugendamt den Weg weisen kann.

Einzelhandel und Eltern ziehen an einem Strang

Kinder unter 14 Jahren sind noch nicht strafmündig. Je nach Situation muss es deshalb nicht einmal zwingend der Fall sein, dass ein beim Ladendiebstahl ertapptes Kind sofort Bekanntschaft mit der Polizei macht. Vor allem die bekannten Geschäfte in der Nachbarschaft oder kleinere Läden sind im Gegensatz zu den großen Discounterketten und Kaufhauskonzernen oft bereit, die Sache mit den Eltern direkt zu regeln.

Eine solche Zusammenarbeit macht erst recht Sinn, wenn das Kind gar nicht auf frischer Tat ertappt wurde, sondern die Eltern die gestohlenen Gegenstände später gefunden haben. Dann gilt als erste Grundregel: Das geklaute Gut darf das Kind auf keinen Fall behalten. Wie sonst wollen Sie einen Lern- und Abschreckungseffekt erzielen? Klären Sie mit Ihrem Kind, wie es die Beute zurückbringen und sich für sein Handeln entschuldigen möchte. Und sprechen Sie sich vorher unbedingt mit dem Verantwortlichen des Geschäfts ab. Es wird sich schon deshalb auf eine Zusammenarbeit mit Ihnen einlassen, weil Ihr Kind aller Voraussicht nach als Multiplikator wirken und Freunde von ähnlichen Ideen abbringen kann.

Wichtig ist, dass Eltern und Ladeninhaber in gleicher Weise pädagogisch vorgehen, um das Kind eindringlich vor ähnlichen Taten zu warnen.

Ein solches Vorgehen hat einen wesentlich höheren Lerneffekt als eine bei Minderjährigen ohnehin folgenlose Polizeiaktion. Und natürlich ist klar: Kann das Diebesgut nicht mehr zurückgegeben werden, weil es inzwischen beschädigt oder benutzt wurde, bezahlt es das Kind vom eigenen Taschengeld.

Wird ein Kind allerdings zum wiederholten Mal beim Ladendiebstahl erwischt, reichen die vorgeschlagenen Maßnahmen nicht mehr aus. Eltern sollten aber auch dann versuchen, gelassen zu bleiben und fachliche Hilfe in Anspruch zu nehmen. In keinem Fall führen willkürliche Strafen zum gewünschten Erfolg.

Kein Handy für das Kind – keine Geldsorgen?

Schon beinahe 90 Prozent aller Jugendlichen ab 13 Jahren besitzen mindestens ein Handy. Trotzdem steht das Handy auf dem Wunschzettel der meisten Kinder und Jugendlichen mit Abstand an der Spitze, denn ständig kommen neue Modelle mit erweiterten Funktionen auf den Markt. Schon das zeigt, wie sehr das Mobiltelefon unverzichtbarer Gebrauchsgegenstand und Statussymbol zugleich für unsere Kinder geworden ist. Aber: Das Handy ist nach den Erfahrungen von Verbraucher- und Schuldnerberatern mit durchschnittlich knapp 30 Euro monatlich auch die Geldfalle Nummer eins bei den Jugendlichen. Und in vielen Fällen sind es offene Handyrechnungen, die Jugendliche und Heranwachsende in die Schuldenspirale treiben.

Und Folgendes kommt erschwerend hinzu: Netzbetreiber oder Provider veranlassen bei nicht bezahlten Rechnungen umgehend einen Eintrag bei der Schufa, der künftige Geldgeschäfte erschwert und manchmal sogar unmöglich macht.

Kaum ein Kind gibt erhobenen Hauptes zu, kein Handy zu besitzen. Es will weder Eltern von vorgestern, die die Notwendigkeit nicht einsehen, noch Eltern, die es sich nicht leisten können.

Da wundert es nicht, wenn manche Eltern gleich an eine radikale Lösung nach dem Verursacherprinzip denken: kein Handy, kein Stress mit dem Geld und keine Schulden. Doch so logisch das klingt: In den meisten Fällen wird sich diese Gedankenkette nicht ohne erheblichen Kampf mit dem Kind in die Praxis umsetzen lassen. Rufen Sie sich noch einmal ins Gedächtnis, wie wichtig Besitz für die Jugendlichen ist – und dazu gehört das Handy. Ein Handy ist »cool«, es ist ein Muss, eine Selbstverständlichkeit,

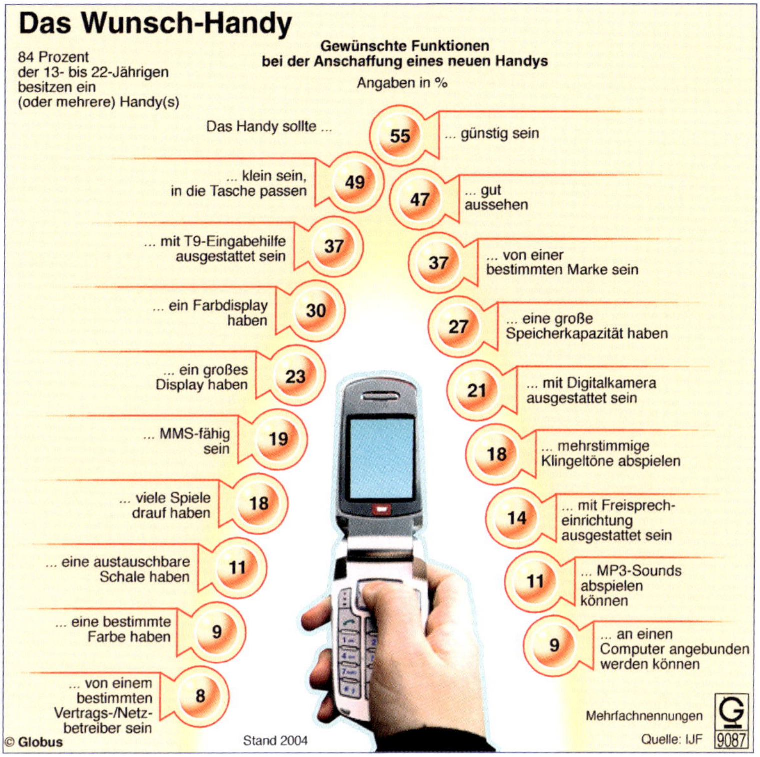

um »in« zu sein, um dazuzugehören. Es hat für unsere Kinder heute eine ähnliche gesellschaftliche Bedeutung wie einst der VW-Käfer vor der Tür in Zeiten des Wirtschaftswunder-Deutschlands für die flotten jungen Erwachsenen.

Natürlich ist es richtig, dass es früher auch keine Handys gab und viele Familien nicht einmal ein Telefon besaßen. Aber können wir Eltern daraus ableiten, dass es keine zwingende Notwendigkeit gibt, heute unseren Kindern ein Mobiltelefon in die Hand zu drücken? Ehe wir mit solchen Totschlag-Argumenten auftrumpfen, sollten wir uns in Erinnerung rufen, dass das Handy für unsere Kinder mit Selbstbewusstsein, Selbstwertgefühl, Flexibilität, Mobilität und vor allem mit Anerkennung in der Gruppe verbunden ist. Und wir sollten uns überlegen, dass gegenseitiges Vertrau-

Wie wollen wir unsere Kinder in Verantwortungen hineinwachsen lassen, wenn wir potenzielle Schwierigkeiten für sie vorsichtshalber gleich aus dem Weg räumen?

en auch in anderen Bereichen nur schwer aufzubauen ist, wenn wir uns dem Wunsch unseres Kindes verschließen, das zu besitzen, was für die meisten seiner Altersgruppe inzwischen selbstverständlich ist.

Übrigens – Handys sind auch im Interesse der Eltern

Doch einmal abgesehen von der Bedeutung, die das Handy für das Selbstbewusstsein und das Selbstwertgefühl unserer Kinder hat: Es gibt mindestens zwei entscheidende Gründe, warum der ganz grobe Keil des Handyverbots auf den groben Klotz der möglichen Verschuldung nicht die beste Lösung ist. Zum einen profitieren auch die Eltern vom Handy, weil es beruhigt, wenn das Kind für sie erreichbar ist.

SMSen – die neue Sucht

Manche Eltern haben die Erfahrung bereits gemacht: Das Handytelefonieren und vor allem der Versand von SMSen können für den Nachwuchs tatsächlich Suchtcharakter annehmen. Doch es liegt an den Eltern, Hilfe zu leisten und ihre Kinder zu einem vernünftigen Umgang mit dem Mobiltelefon anzuhalten. Viele Eltern haben bereits die hervorragende Möglichkeit entdeckt, das Handy zur Strafe vorübergehend einzuziehen. Der Effekt ist in den meisten Fällen weitaus größer und dauerhafter als alles, was sonst so im klassischen Strafkatalog von Eltern zu finden ist. Umfragen haben ergeben, dass Handyentzug bei den meisten Kindern die doppelte Wirkung von Computerverbot, die dreifache Wirkung von Fernsehentzug und die zehnfache Wirkung von Hausarrest hat.

Zum anderen verbannen wir auch nicht jegliches Feuer aus unserem Leben, weil wir uns daran verbrennen könnten. Wir haben es selbst gelernt und lehren es unsere Kinder: Feuer birgt Gefahren in sich, deshalb müssen wir überlegt und verantwortungsbewusst damit umgehen.
So einsehbar und klar das erste Argument ist, so sehr lohnt es, das zweite genauer zu betrachten. Da das Handy in unserer Gesellschaft einen hohen Selbstverständlichkeitswert hat, werden Kinder und Jugendliche doch irgendwann damit konfrontiert. Schon deshalb ist es sinnvoll, dass sie möglichst frühzeitig den vernünftigen Umgang mit den Gebührenfallen beim Mobilfunk kennen lernen. Schließlich haben radikale Lösungen wie das Al-

koholverbot während der US-amerikanischen Prohibitionszeit auch nicht den gewünschten Erfolg gebracht. Oder umgekehrt: Gibt es etwa in Deutschland mehr Alkoholiker als in Schweden mit seiner strikten Reglementierung, nur weil wir in jedem Supermarkt und an jedem Kiosk unbeschränkt Alkohol kaufen können? Im Kasten auf Seite 84 haben Sie gelesen, weshalb der Vergleich mit Alkohol gewählt wurde – SMSen und Telefonieren können ebenso wie übermäßiger Alkoholkonsum Suchtcharakter annehmen.

Handygebühren – wer zahlt was?

Einigen wir uns darauf, dass die Kinder ihr Handy behalten können oder eines bekommen, stellt sich eigentlich nur noch die Frage nach der Kostenübernahme. Und da macht es Sinn, die mittlerweile von vielen Familien praktizierte Kostenteilung auszuhandeln:

Bleiben Sie standhaft bei der einmal ausgehandelten Kostenteilung. Ihr Kind weiß dann, woran es ist.

- Die Eltern tragen die Grundgebühren oder einen festen Anteil an den monatlichen Kosten oder an der Telefonkarte.
- Die Kinder bezahlen von ihrem Taschengeld den Gebührenanteil, der über dem gesetzten Limit liegt.

Über die Rechnung bei Vertragshandys oder über den Bedarf einer neuen Guthabenkarte können Eltern leicht feststellen, ob sich die Gesamtausgaben in einem vertretbaren Rahmen bewegen. Und über den zeitweisen Entzug oder eine vorübergehende Sperre können Eltern bei explodierenden Gebühren jederzeit eingreifen. Es gibt also gar keinen Grund, das Handy als Teufelsding und Schuldenmaschine von vornherein zu verdammen.

Es geht auch Kosten sparend

Eltern sollten mit ihren Kindern allerdings unbedingt über jene Handyoptionen sprechen, die zu hohen Sondergebühren führen können und die selbst für Erwachsene unüberschaubar sind. Dazu gehören Ansagedienste ebenso wie Logos und Klingeltöne zum Herunterladen, SMS-Infodienste, vor allem aber der Versand von Fotos oder die Nutzung von Mehrwertdiensten, beispielsweise des Internets.
Doch auch bei der üblichen Nutzung können Kosten gespart werden. Wägen Sie die Vorteile einer Prepaid-Karte mit denen eines Vertragshandys

ab. Im Allgemeinen gilt, dass ein Handy mit Prepaid-Karte wegen der relativ hohen Verbindungskosten nur in der ersten Übungsphase Sinn macht. Sobald Eltern feststellen, dass sich Gebühren und Nutzung in einem vernünftigen Rahmen bewegen, kann der Umstieg auf ein Vertragshandy interessant sein. Inzwischen gibt es recht ausgeklügelte Tarife mit Preisvorteilen für Partnerhandys, wenn in Ihrer Familie mehrere Mobiltelefone vorhanden sind. Berücksichtigen Sie bei Ihren Überlegungen, dass sich die größten Gebührenvorteile innerhalb desselben Netzbetreibers herausholen lassen.

Belohnen mit Geld, bestrafen mit Geld – kein sinnvolles Erziehungsmittel

Kinder sind keine Akkordarbeiter, die des Geldes wegen Leistung bringen sollen. Und sie müssen Fehler machen dürfen, ohne dafür bestraft zu werden.

In manchen Familien gibt es regelrechte Preislisten: Für eine Eins in der Schularbeit winken zwei Euro, eine Zwei bringt immerhin noch einen Euro. Und bei der Zeugnisvergabe wird manchmal nach ganz raffinierten Schlüsseln gerechnet, bei denen die einzelnen Noten ebenso eine Rolle spielen wie der Notendurchschnitt. Was Erwachsene als Akkordzuschläge oder Prämien aus dem Job kennen, wird also auch beim Taschengeld praktiziert: Leistung wird belohnt. Und viele Eltern und Großeltern halten das für einen sehr guten Weg, Kinder zu motivieren und mit dem Taschengeld einen weiteren Erziehungsaspekt zu verbinden. Aber wirklich sinnvoll ist das nicht.

Natürlich soll das Taschengeld ein Erziehungsmittel sein – aber es soll einzig der Erziehung zum vernünftigen Umgang mit Geld dienen. Wenn jedoch das Taschengeld als Instrument zur Belohnung oder Bestrafung eingesetzt wird, verstoßen wir gegen eine der wichtigsten Regeln: Das Taschengeld ist keine verlässlich planbare Größe mehr. Nun könnte das den Kindern im Positivfall zwar durchaus recht sein. Aber Eltern sollten sich darüber im Klaren sein, dass sie damit falsche Akzente setzen. Wie es nicht für jede kleine Hilfe im Haushalt eine finanzielle Belohnung geben sollte, weil es sich um einen selbstverständlichen Beitrag zu den Gemeinschaftsaufgaben in der Familie handelt, so sollte es auch für gute Zensuren keine Belohnung geben. Vermitteln Sie Ihrem Kind lieber: Gute Noten schreibst du nicht für uns, sondern ganz allein für dich.

Geldprämien können ungerecht sein

Warum es keine gute Lösung ist, schulische Leistungen mit dem Taschengeldaufschlag zu verknüpfen, zeigen zwei Beispiele:
1. Das Kind hat letztlich wegen einer krankheitsbedingten Fehlzeit eine Arbeit vergeigt, in der es sonst vermutlich eine gute Note und folglich auch Taschengeldzuschlag bekommen hätte. Weil es nun die Prämie nicht bekommt, wird es indirekt für seine Krankheit bestraft.
2. Geschwister sind oft unterschiedlich begabt und bringen in der Schule – bei gleicher Anstrengung – unterschiedliche Leistungen. Während das eine Kind für gute Noten mit Geld belohnt wird, fühlt sich das andere Kind zurückgesetzt und wird über kurz oder lang schulisch demotiviert. Unter Umständen kann dies zu einem fatalen Teufelskreis führen.

Rechte und Pflichten wachsen

Auf gar keinen Fall sollten sich Eltern von ihren Kindern unter Druck setzen lassen, wenn sie von der Belohnungspraxis in anderen Familien berichten. »Warum bekommt Maria zwei Euro für eine Eins und ich nicht?« – »Warum muss Tim nie sein Zimmer aufräumen und nicht beim Rasenmähen helfen, aber ich?« Sehen Sie diesen Vergleich mit anderen Eltern nicht als Grund, an Ihrem eigenen Verhalten zu zweifeln. Betrachten Sie solche Fragen Ihrer Kinder als Chance für Gespräche. Erklären Sie Ihrem Kind, dass mit zunehmendem Alter zwar seine Rechte, aber auch seine Pflichten und seine Verantwortung wachsen. Setzen Sie sich ernsthaft mit seinen Argumenten auseinander. Machen Sie ihm deutlich, dass gute Noten auch ohne Bonusprämie selbstverständlich sein sollten und dass das Elternhaus kein Hotel mit Dienstleistungsbetrieb ist, in dem zwar Vater und Mutter ihren Pflichten nachgehen, die Kinder jedoch nur Nutznießer sind, die für Selbstverständlichkeiten Belohnungen einheimsen wollen.

Kinder tragen stets nur dann Vergleiche vor, wenn sie vermeintlich im Nachteil sind. Nutzen Sie diese Gelegenheit zu einem Gespräch, in dem Sie an Vorteile für das Kind erinnern.

Wie viel und wie oft Kinder im Haushalt helfen sollen oder welche Schulnoten anzustreben sind, müssen Eltern und Kinder gemeinsam festlegen. Aber wenn schon das Engagement im Haushalt oder gute schulische Leistungen belohnt werden sollen, dann wären grundsätzlich andere Prämien zu bevorzugen. Das kann die Erlaubnis für eine längere Ausgehzeit sein oder der außerplanmäßige Besuch eines Freizeitparks – aber Bargeld sollte es nicht geben.

Taschengeld – keine Prämie für Wohlverhalten

Taschengeld sollte niemals eine Prämie für Wohlverhalten sein, die Eltern immer dann kürzen können, wenn das Kind nicht nach ihren Vorstellungen »funktioniert«. Das Kind könnte das Gefühl bekommen, es sei nur bei gutem Verhalten ein geschätztes Mitglied der Familie, weil es nur dann am Familieneinkommen teilhaben darf.
Vor allem aber setzt die Geldprämie letztlich das ganz und gar falsche Zeichen, Zuneigung könne auch in Euro und Cent ausgedrückt werden.

Merke: Taschengeldkürzung scheidet – ebenso wie Prügelstrafe – grundsätzlich als Erziehungsmittel aus!

Taschengeldentzug – für das Kind eine Willkür

Ganz egal, wie alt die Kinder sind: Irgendwann kommt es zu Auseinandersetzungen und Reibereien, und mitunter haben die Eltern Grund, sich ganz erheblich über ihren Nachwuchs zu ärgern. Gelegentlich ist das sogar Erziehungsalltag. Da liegt es nahe, mit Strafen Grenzen zu setzen, um den Kindern einen spürbaren Denkzettel zu verpassen. Doch welche könnten das sein, wenn Reden nicht hilft und Prügelstrafen selbstverständlich als Erziehungsmittel ausscheiden?
Manche Eltern greifen dann zu einem vermeintlich bewährten Mittel: Taschengeldkürzung! Manchmal wird sie nur angedroht, manchmal tatsächlich mehr oder weniger drastisch durchgezogen. Doch beim Kind kommen solche Erziehungsmaßnahmen als Willkür an, die zunächst seinen Wirtschaftsplan völlig durcheinander wirbeln. Zum Vergleich: Das wäre ungefähr so, als könnte Ihnen Ihr Chef nach Lust und Laune für Trödeleien oder Fehler bei der Arbeit das Grundgehalt kürzen.
Zugegeben, es macht Mühe, sich andere Strafen auszudenken, doch auf Taschengeldentzug sollten Sie verzichten. Letztlich schaden wir Eltern uns nur selbst, weil das Taschengeld unsere Kinder lebenstüchtig im Umgang mit Geld machen soll. Diese Absicht aber untergraben wir mit dem Taschengeldentzug. Kinder müssen sich auf eine feste Taschengeldhöhe verlassen können, sonst können sie nicht wirtschaften. Also greifen Sie lieber zum Handyverbot, kassieren Sie das Bildschirmkabel des Computers ein, verhängen Sie Fernsehverbot, entziehen Sie ein Lieblingsspielzeug, sprechen Sie ein Ausgehverbot in die Eisdiele oder zum nächsten Fußball-Heimspiel aus – aber kürzen Sie nicht das Taschengeld!

Geldstrafe, wenn das Kind etwas beschädigt?

Anders verhält es sich, wenn Kinder etwas mutwillig zerstört oder verwüstet haben. In diesem Fall wäre dann ja auch ein Rückgriff auf das Taschengeld weniger eine Strafe, sondern eher eine Wiedergutmachung – obwohl natürlich das Kind durch fehlendes Taschengeld in jedem Fall auch bestraft wäre. Aber es wäre erzieherisch unklug, Sohn oder Tochter gar nicht an den Folgen des Handelns teilhaben zu lassen, zumal – je nach Situation und Alter des Kindes – die Eltern den Schaden ersetzen müssen. Nur wenn Eltern ihre Aufsichtspflicht verletzt haben oder den versicherten Kindern ungewollt ein Unglück passiert ist, springt die Haftpflichtversicherung der Familie für den Schaden ein.

Das aber sollten Ihre Kindern am besten nicht wissen. Schließlich sollen sie beim nächsten Mal vorsichtiger sein und sich nicht auf den vorhandenen Versicherungsschutz berufen. Allerdings sollten Sie bei der Wiedergutmachung Fingerspitzengefühl zeigen: Ging versehentlich etwas kaputt,

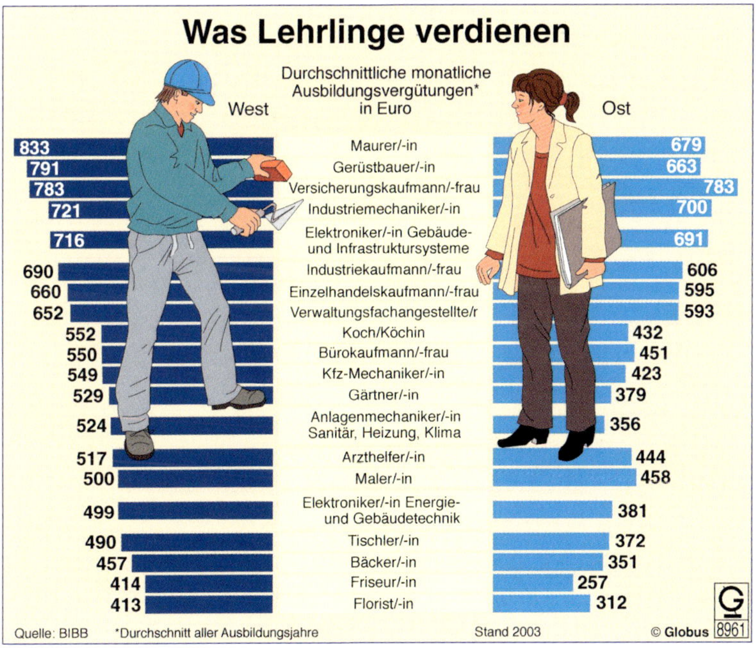

reicht es zunächst, wenn die Eltern für künftige Fälle zu größerer Vorsicht mahnen. Wenn leichtsinnig, absichtlich oder in wiederholten Fällen etwas zerstört wurde, kann ruhig einmal ein anderer Ton angeschlagen werden. Hier kann es sehr sinnvoll sein, dass das Kind einen angemessenen Teil von seinem Taschengeld oder Ersparten opfern muss, um den Schaden ganz oder anteilig zu ersetzen. Wenn es ein bisschen wehtut und der Schaden zum Verlust eigener Geldwerte führt, lernen Kinder schneller, fremdes Eigentum zu schätzen und pfleglich zu behandeln. Bei groben Vorfällen bieten sich besondere Formen der Wiedergutmachung an: etwa nicht nur neue Pflanzen für ein zertrampeltes Blumenbeet vom Taschengeld kaufen, sondern das Beet sogar noch selbst bepflanzen zu müssen.

Jugendliche können von ihrer Ausbildungsbeihilfe sehr wohl einen kleinen Obolus anbieten. Für Eltern wäre es eine Anerkennung ihrer langjährigen Betreuung.

Schon im Job und noch Taschengeld?

Wenn der Nachwuchs ins Berufsleben startet, werden bei den Eltern oft Erinnerungen an die eigene Lehrzeit wach. Und damit auch an die ersten Gehaltszahlungen von damals durchschnittlich 200 bis 400 Mark – mehr als umgerechnet 200 Euro war die ganz große Ausnahme. Heute sieht es ein bisschen anders aus: Ausbildungsbeihilfen von monatlich 500 Euro und mehr sind keine Seltenheit.

Eine Seltenheit ist es aber schon fast, wenn es nicht anlässlich des ersten Ausbildungslohns zu erbitterten Diskussionen innerhalb der Familie kommt. Denn die Neigung der Jugendlichen, den Eltern einen Teil davon als das früher noch übliche Kostgeld abzugeben, ist verschwindend gering. Sie stellen sich auf den Standpunkt: »Das habe ich selbst verdient, das steht mir allein zu.« Damit jedoch begeben sich die Jugendlichen auf sehr dünnes Eis. Denn rechtlich gesehen ist die Annahme, ihr selbst Verdientes stünde ihnen erstens allein und zweitens in voller Höhe zu, schlichtweg ein Irrtum.

Die meisten Menschen kennen zwar das im BGB (§ 1601) verankerte Gesetz, wonach Eltern ihrem Kind gegenüber (und übrigens auch umgekehrt!) generell unterhaltspflichtig sind. Doch nur die wenigsten von ihnen kennen auch die ergänzenden Aussagen im folgenden Gesetzestext (§ 1602). Danach hat nämlich nur derjenige Anspruch auf Unterhalt, der sich nicht selbst zu unterhalten in der Lage ist.

Ihr Kind wird verblüfft sein, wenn es erfährt, dass ihm im Härtefall gerade mal 85 Euro Ausbildungsbeihilfe bleiben würden, sofern die Eltern weiterhin für den Unterhalt sorgen.

Die wichtigsten Unterhaltsregelungen im BGB

§ 1601 – Unterhaltsverpflichtete
Verwandte in gerader Linie sind verpflichtet, einander Unterhalt zu gewähren.

§ 1602 – Bedürftigkeit
(1) Unterhaltsberechtigt ist nur, wer außerstande ist, sich selbst zu unterhalten.
(2) Ein minderjähriges, unverheiratetes Kind kann von seinen Eltern, auch wenn es Vermögen hat, die Gewährung des Unterhalts insoweit verlangen, als die Einkünfte seines Vermögens und der Ertrag seiner Arbeit zum Unterhalt nicht ausreichen.

Davon kann aber bei einem Jugendlichen mit einem Ausbildungsentgelt von 500 Euro oder mehr nicht die Rede sein. Denn dieser Betrag liegt bereits deutlich über den Sozialhilferegelsätzen der einzelnen Bundesländer. Im Klartext heißt das: Die überwiegende Zahl der Auszubildenden hat gar keinen Rechtsanspruch mehr auf Unterhalt durch ihre Eltern.

Eltern können Geld von ihren Kindern fordern

Auch wenn es den Jugendlichen gar nicht behagen mag: Da Eltern die Kosten für Unterkunft, Kleidung und Ernährung tragen, müssten die Jugendlichen rechtlich betrachtet ihre Eltern nach besten Kräften von diesen Kosten entlasten. Das bedeutet: Die Eltern haben sogar einen Rechtsanspruch darauf, von den Auszubildenden Kostgeld zu verlangen. Und zwar in genau der Höhe, in der ihnen die eben aufgezählten Kosten entstehen. Die Meinung vieler Jugendlicher, die Ausbildungsvergütung wäre ihr Geld, stimmt also schon. Nur müssten sie ihr Geld folgerichtig auch für ihren Unterhalt aufwenden und können auf keinen Fall zusätzlich zum eigenen Verdienst weiterhin Taschengeld von den Eltern fordern, wie es tatsächlich manchmal vorkommt. Zumal ja ein Anspruch auf Taschengeld in bar – wie bereits erläutert – sowieso nicht besteht, wenn das Kind noch zu Hause wohnt und die Eltern ihre Unterhaltspflicht in Form von Naturalunterhalt (Leistung statt Geld) erbringen.
Sollte es zum Streit kommen und sich beim Kind die Einsicht gar nicht durchsetzen, dass es als Selbstverdiener zumindest einen kleinen Anteil

Unsere Kinder sind nicht bösartig, sondern uneinsichtig. Belege, welche Summen gerade wieder für ihr Wohlbefinden ausgegeben wurden, könnten zur Einsicht verhelfen.

zu den Lebenshaltungskosten der Familie beisteuern muss, können Eltern noch einen weiteren Hammer aus der Werkzeugkiste der Gesetze und Vorschriften holen: Die so genannte Düsseldorfer Tabelle (darauf wird auf Seite 115 noch ausführlich eingegangen) für Unterhaltsansprüche nennt nämlich sogar einen als Anhaltspunkt heranzuziehenden Regelsatz, der dem Kind von seinem Ausbildungslohn bleiben soll: ganze 85 Euro. Anders ausgedrückt: Die Eltern könnten den gesamten über 85 Euro liegenden Ausbildungsverdienst als Beitrag des Kindes zu seinem Unterhalt für sich beanspruchen. Und da sie sowieso die Vermögenssorge für das noch nicht volljährige Kind haben, könnten sie sogar einen entsprechenden Dauerauftrag bei der Bank einrichten.

Kein Taschengeld – und noch mehr Grausamkeiten

Für Eltern ist es wichtig, diese Möglichkeiten zu kennen, weil sie ihnen die besten Argumente liefern, vernünftige und der individuellen Familiensituation angepasste Lösungen für eine angemessene Verwendung des Ausbildungslohns und eine Beteiligung des Kindes an den Lebenshaltungskosten der Familie zu finden. Denn die Uneinsichtigkeit der Jugendlichen ist manchmal erschreckend. Vielleicht auch, weil ihnen gar nicht bewusst ist, wie viel Geld (das sie nie zu Gesicht bekommen) die Eltern für sie im Laufe der Jahre aufwenden mussten und weiterhin aufzuwenden haben, um ihrem Sprössling seinen bisher gewohnten Lebensstil zu ermöglichen.

Welche Regelungen in der Familie bezüglich des Ausbildungsverdienstes getroffen werden sollten, dafür gibt es keine Patentrezepte. Das kann nur ganz individuell festgelegt werden, abhängig von der Höhe des Ausbildungsverdienstes und der wirtschaftlichen Situation der Familie. Es gibt Eltern, die ihrem Kind nur das Taschengeld streichen, kein Kostgeld für Essen und Miete verlangen, sondern nur die Ausgaben für Kleidung, Körperpflege, Fahrgeld und Ausbildungsbedarf vom selbst verdienten Geld bestreiten lassen. Andere verlangen zwar, dass die Jugendlichen einen Teil ihres Verdienstes zu Hause abliefern, legen dieses Geld aber (manchmal auch ohne Wissen des Sprösslings) als Grundstock für die erste eigene Wohnung oder das erste Auto zurück. Möglichkeiten gibt es viele, Patentrezepte keine.

Eltern sind verpflichtet, ihren Kindern eine den Fähigkeiten entsprechende Ausbildung zukommen zu lassen. Dafür sollten Kinder den Geldbeutel der Eltern jedoch nicht überstrapazieren.

Vorsicht, wenn Auszubildende bummeln

Generell gilt die Beteiligung der Kinder an ihrem Unterhalt natürlich nur, wenn sie in der Ausbildung schon einen Verdienst erzielen. Klar, denn ein Gymnasiast oder Student wird für sein Pauken schließlich nicht bezahlt. Doch auch Eltern, deren Kinder zunächst einmal eine Ausbildung machen, können nicht in jedem Fall auf das baldige Ende ihrer Unterhaltspflicht hoffen. Denn sie müssen dem Kind zwar nur eine angemessene, also seinen Neigungen und Fähigkeiten entsprechende Ausbildung bezahlen. Aber nach der Rechtsprechung des Bundesgerichtshofs kann das auch heißen:

1. Die Ausbildung wird mit einer Lehre begonnen.
2. Nach Erhalt eines Gesellen- oder Gehilfenbriefs wird eine Fachschule besucht.
3. Am Ende wird noch an einer Universität studiert.

Schließen alle drei Stationen zeitnah aneinander an, müssten Eltern wieder neu oder weiterzahlen. Ein Beispiel: Der Sohn beendet seine Lehre als Elektromechaniker erfolgreich und beginnt direkt im Anschluss ein Studium zum Diplomingenieur.

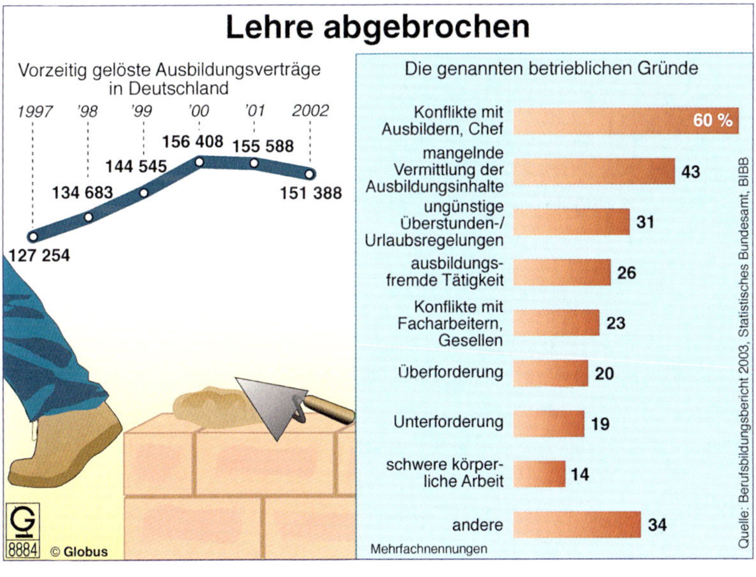

Für die derzeitige wirtschaftliche Lage in unserem Land können wir die Kinder nicht verantwortlich machen, die Eltern allerdings auch nicht. Stellen Sie das ruhig ab und zu klar.

Ein kleiner Trost: Solange das Kind in der Ausbildung weniger als 7680 Euro netto pro Jahr verdient, wird auch für über 18-Jährige Kindergeld gezahlt.

Doch gerade da lauert eine kaum bekannte Tücke, die angesichts der zahlreichen Ausbildungsabbrecher schon vielen Eltern zum Verhängnis geworden ist: Hängt ihr über 18 Jahre alter Sprössling seine Ausbildung an den Nagel oder macht er aus irgendwelchen Gründen zwischen zwei Ausbildungsabschnitten eine Pause, die länger als vier Monate dauert, dann erlischt der Kindergeldanspruch. Eltern haben also in der Tat gute Gründe, auf ein zügiges Absolvieren der verschiedenen Ausbildungsstufen zu drängen und Bummlern ein bisschen Dampf zu machen. Und im Lebenslauf macht sich ein zügig durchgezogenes Studium ohnehin besser.

Hotel Mama auf Lebenszeit?

Hohe Jugendarbeitslosigkeit, Lehrstellenmangel, keine Übernahmen nach dem Ausbildungsabschluss und damit mangelnde Einstiegsmöglichkeiten für Berufsanfänger – seit ein paar Jahren werden Eltern mit Problemen konfrontiert, die in der Vergangenheit praktisch unbekannt waren. Und so sehen sich heute viele Eltern als »Hotel Mama«, das zum Auffanglager für die zunächst einmal ihre Warteschleifen drehenden Sprösslinge wird.

Manchmal wird dabei die Gutmütigkeit der Eltern ausgenutzt und überstrapaziert. Denn es ist zwar richtig, dass es für Eltern eine moralische und gesetzliche Pflicht gibt, in Notlagen auch noch ihre volljährigen Kinder zu versorgen. Es ist aber ebenso richtig, dass jedes Kind die Pflicht hat, seine Eltern nach besten Kräften von den Unterhaltslasten durch eigene Einnahmen zu befreien.

Im Einzelfall kommt es durchaus vor, dass das Schnorren als bequeme Lebenseinstellung entdeckt und freie Kost und Logis im Hotel Mama als angenehmer Dauerzustand empfunden werden. Doch damit nicht genug: Immer wieder gibt es Fälle, in denen Eltern von ihrem Nachwuchs noch zusätzlich zur Kasse gebeten werden. Und die Gutmütigkeit kennt, wie die Mitarbeiter von Beratungsstellen oft erfahren, manchmal keine Grenzen.

Da werden dann auch über 20-Jährige noch von den Eltern wie eh und je beherbergt und bekommen zusätzlich Taschengeld gezahlt. Wer will schon seinen Sprössling so ganz ohne einen Cent in der Tasche auf die Straße gehen lassen?

... und mein Kindergeld gehört sowieso mir

Nun kann man niemanden davor bewahren, von den eigenen Kindern in die Gutmütigkeitsfalle gelockt zu werden. Mit ein paar Irrtümern sollte aber aufgeräumt werden – so wie wir es schon im Hinblick auf die Auszubildenden über 18 Jahre getan haben. Wenn Sie also einen bereits volljährigen Spross zu Hause haben, lohnt sich ein nochmaliger Blick in dieses Kapitel (Seite 90ff.).

Kindergeld dient einzig und allein der Entlastung der Eltern. Danach handelt im Ernstfall auch der Gesetzgeber.

Ein Irrtum, der in gar nicht so wenigen Familien zu Diskussionen führt, ist die Frage, wer Anspruch auf das Kindergeld hat. Doch da gibt es eine ganz klare Regel: Mal abgesehen davon, dass es ohnehin nur für bei den Eltern lebende Jugendliche über 18 in einer Ausbildung oder zeitlich eingeschränkt bei Arbeitslosigkeit ohne Anspruch auf Leistungen gezahlt wird, steht dieses Geld ausschließlich den Eltern zu.

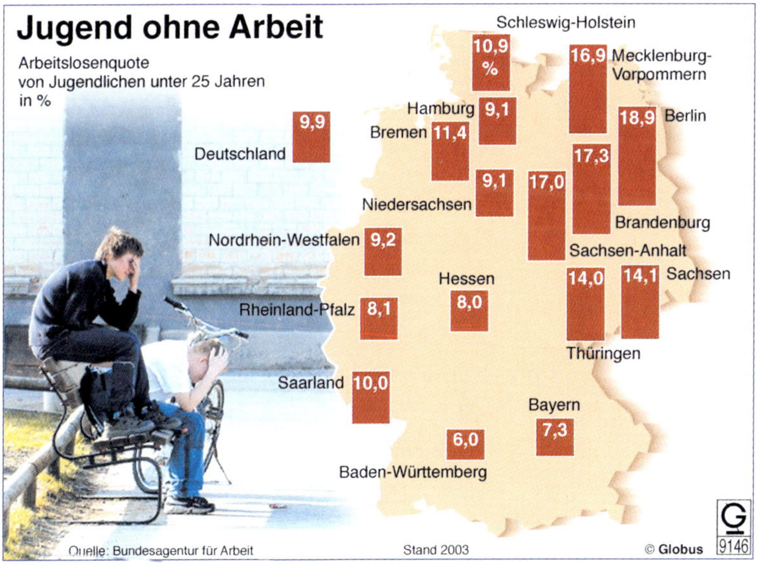

Es soll sie bei den Kosten entlasten, die ihnen durch den Unterhalt ihrer Kinder entstehen. Die Kinder können also keinesfalls verlangen (was manche tun) und haben schon gar keinen Rechtsanspruch darauf, dass die Eltern für sie Unterkunft, Kleidung und alles Weitere bezahlen und dann auch noch das Kindergeld als Taschengeld herausrücken.
Ebenso ist es – zum Glück bei nur manchen jungen Menschen – ein verbreiteter Irrtum zu glauben, dass sie einen automatischen Unterhaltsanspruch gegen ihre Eltern haben, wenn sich weder Ausbildungsmöglichkeiten noch eine ihnen genehme andere Erwerbstätigkeit bietet. Tatsächlich kann von jedem Volljährigen verlangt werden, dass er nach einer Verdienstmöglichkeit sucht, um für den eigenen Unterhalt zu sorgen. Irgendetwas lässt sich bestimmt finden, auch wenn es sich dabei nicht um gut bezahlte, angesehene oder die ursprünglich angestrebte Tätigkeiten handelt. Aber wie gesagt: Niemand kann Eltern verbieten, sich von den eigenen Kindern in die Gutmütigkeitsfalle locken zu lassen.

Erwachsen und verschuldet – was können Eltern tun?

Je älter der Nachwuchs wird und je näher die Volljährigkeit und damit ja irgendwann auch der Sprung in die völlige Selbstständigkeit mit eigenem Haushalt rückt, desto mehr sollten Kinder in die Finanzwelt ihrer Eltern eingeweiht werden. Sprechen Sie mit Ihrem Nachwuchs darüber, wie hoch die Miete ist, welche laufenden Ausgaben wofür notwendig sind und welche Kredite für welche Anschaffungen drücken. Scheuen Sie sich nicht, über eigene Fehler (die jeder von uns macht) und Sorgen (die jeder kennt) im Zusammenhang mit Geld zu sprechen. Solche offenen Gespräche sind die beste Voraussetzung, Ihr Kind vor späteren Finanzproblemen oder gar dem Abrutschen in eine Schuldenspirale zu bewahren.
Es gibt bei fast allen Menschen, die bereits tief verschuldet sind und bei denen der endgültige Absturz ins finanzielle Nichts beständig näher rückt, die gleichen typischen Verhaltensweisen: Sie verschließen die Augen vor der eigenen Situation, wollen nicht darüber sprechen und nichts davon hören. Am Ende werden die Briefe mit Rechnungen und Mahnungen nicht einmal mehr geöffnet.

Die erste Hilfe bei der Schuldenbeichte des erwachsenen Kindes ist das offene Ohr der Eltern. Dabei Ruhe bewahren und keinesfalls sofort den eigenen Geldbeutel öffnen.

Was aber können Eltern tun, wenn es für vorbeugende Gespräche und Gelderziehung bereits zu spät ist, das Kind (egal, wie weit es bereits jenseits der Volljährigkeitsgrenze ist) vor ihnen steht und wortreich seine unverschuldete Verschuldungssituation beichtet? Zunächst einmal sollten Sie natürlich genau zuhören, ohne Vorwürfe und ohne in lautes Wehklagen auszubrechen. Auch Bemerkungen darüber, dass eigentlich niemand ganz ohne eigene Schuld Schulden anhäufen kann, können Sie sich sparen. Denn das wissen Sie und das weiß auch Ihr Kind. Aber es wird vermutlich zig Gründe und Verantwortliche für seine Situation benennen – außer sich selbst.

Helfen Sie – aber nicht mit Geld

Manche Eltern machen, wenn ihre Kinder mit Geldproblemen vor ihnen stehen, einen eklatanten Fehler, der ihnen vermutlich auch in der Vergangenheit schon häufig unterlaufen ist: Sie helfen – wenn es die eigene Situation zulässt – mit ihrem eigenen Geld.

Doch so gut die spontane Geldspritze sicherlich gemeint und so verständlich eine solche Hilfe der Eltern auch ist, eine echte und dauerhafte Lösung bleibt das nur in seltenen Fällen. Natürlich ist es in Ordnung, dem Kind kleinere Summen für den dringendsten Bedarf zu geben. Aber wichtiger, als als Retter in der Not (wie schon in seiner Jugend?) aufzutreten und ihm die dringendsten finanziellen Sorgen abzunehmen, ist es, eine grundlegende Problemlösung zu finden. Und die kann nicht so aussehen, dass Sie (einmal mehr?) die Zeche bezahlen.

Ebenso wenig ist es eine Lösung, wenn Sie für Ihr Kind Bürgschaften übernehmen, als Mitantragsteller bei Krediten auftreten oder ihm sogar private Kredite gewähren. Denn neue Kredite sind keine Lösung bei alten Schulden, schon deshalb nicht, weil die Zinsbelastung nur noch mehr ansteigt. Und am Ende werden auch Sie mit in den finanziellen Abwärtsstrudel gezogen.

Durch keine der eben aufgezählten vermeintlichen Hilfen werden Sie das bisherige finanzielle Verhalten Ihres Sprösslings grundsätzlich ändern können. Deshalb bleibt als einzige Möglichkeit: Helfen Sie Ihrem Kind, sich selbst zu helfen, und das kann nur heißen, professionelle Hilfe in Anspruch zu nehmen.

Es ist keine Schande, professionelle Hilfe in Anspruch zu nehmen. Im Gegenteil: Auf diese Weise wird ein gangbarer Weg für die Zukunft gefunden.

Schulden – prüfen Sie doch mal die Schufa-Akte

Wer wirklich wissen will, wie es um die Finanzen seines Kindes steht, sollte mit ihm zusammen eine Eigenauskunft bei der Schufa gegen eine Bearbeitungsgebühr von 7,60 Euro anfordern. Das ist über Internet (Adresse Seite 125) oder über die zuständige Schufa (Adressen Seite 125 oder von der Bank) möglich. Folgende Angaben finden sich in der Akte:

- Persönliches: Name, Vorname, Geburtsdatum und Geburtsort sowie alle früheren Anschriften im In- und Ausland werden auf Dauer gespeichert.
- Anfragen: Bittet jemand die Schufa um Auskunft über eine Person, wird diese Anfrage ein Jahr lang gespeichert. Zu jeder Anfrage wird mitgeteilt, welche weiteren Auskünfte innerhalb der vergangenen zehn Tage noch beantwortet wurden.
- Kredite und Leasing: Zu allen Verträgen werden die Summen und Laufzeiten gespeichert, ebenso eine vorzeitige Erledigung. Gelöscht werden die Angaben drei Jahre nach dem Rückzahlungsjahr bzw. Vertragsende.
- Konten, Kreditkarten, Ratenkauf: Gespeichert werden die Eröffnungen von Girokonten, die Ausgabe von Kreditkarten sowie die Einrichtung von Telekommunikationskonten (z. B. für Handyverträge) und Kundenkonten wie für Kauf auf Rechnung oder Teilzahlung bei Versandhäusern. Die Löschung erfolgt nach der Mitteilung über die Auflösung der Konten – bei Versandhäusern auch vorher (drei Jahre nach Eintragung).
- Zahlungsverhalten: Als so genannte »Negativmerkmale« werden alle fälligen bzw. angemahnten und nicht erfüllten Forderungen notiert, ebenso Kontomissbrauch (Abhebung trotz Verbots) und alle amtlichen Maßnahmen wie eidesstattliche Versicherung (Offenbarungseid), Urteile, Haftbefehle und Konkurseröffnungen, die im Zusammenhang mit Geldgeschäften stehen. Die Löschung dieser Angaben erfolgt nach drei Jahren.

Professionelle Hilfe – wie und von wem?

Solange es sich zwar um finanzielle Probleme handelt, aber noch nicht die letzte Stufe der Überschuldung – mit Zwangsvollstreckungen oder gar der bevorstehenden Abgabe einer eidesstattlichen Versicherung (Offenbarungseid) – erreicht ist, kann eventuell noch eine Haushalts- oder Budgetberatung helfen. Eine solche Hilfe wird z. B. vom Beratungsdienst der Sparkassen angeboten. Adressen, bei denen Sie entsprechendes Informationsmaterial bestellen können, finden Sie auf Seite 125. Die Verbraucherzentralen (im örtlichen Telefonbuch zu finden oder unter www.verbraucherzentrale.de) bieten etwas Ähnliches an. Und auch das Bundesfamilienministerium gibt Hilfen zur Haushalts- und Finanzplanung. Dort können Sie den kostenlosen Ratgeber »Was mache ich mit meinen Schulden?« anfordern (Adresse Seite 125).

Die Notbremse: Verbraucherkonkurs oder Privatinsolvenz

Ist es für diese Hilfen bereits zu spät und liegt echte Überschuldung vor, bleibt als letzte Lösung nur noch der Verbraucherkonkurs oder – amtlich ausgedrückt – die Privatinsolvenz. Doch Vorsicht: In Zeitungsanzeigen wird oft schnelle Hilfe bei Überschuldung versprochen. Hinter vielen dieser Angebote stecken allerdings eiskalte Geschäftemacher, die an der Not der Menschen verdienen wollen und das finanzielle Elend nur noch verschlimmern.

Die seriösen Helfer dagegen (z. B. Kirchen, Wohlfahrtsverbände, Städte und Gemeinden) haben sich in der Bundesarbeitsgemeinschaft Schuldnerberatung zusammengeschlossen. Dort kann man telefonisch oder über Internet (Seite 125) die Adresse der nächsten Beratungsstelle erfragen.

Schuldnerberater versuchen, gemeinsam mit der Familie und allen Gläubigern brauchbare Lösungen zu erarbeiten. Gelingt das nicht, helfen sie bei der Abwicklung eines Verbraucherkonkurses als letzter Notbremse. Zunächst wird eine außergerichtliche Einigung mit den Gläubigern angestrebt. Dazu stellen die Schuldnerberater einen Regulierungsplan auf, mit dem sogar einige Schulden erlassen werden. Der Rest wird nach Plan abbezahlt und danach ist der Betroffene schuldenfrei. Notfalls wird versucht, eine solche Einigung vor Gericht zu erzielen. Klappt auch das nicht, setzt das Gericht einen Treuhänder ein, der das Vermögen des Schuldners an seine Gläubiger verteilt. Damit beginnt die so genannte Wohlverhaltensphase: Sechs Jahre lang wird das gesamte pfändbare Einkommen an die Gläubiger verteilt. Ein Beispiel: Singles ohne Kinder bleibt von ihrem Einkommen ein Mindestbetrag von 940 Euro pro Monat, der Rest wird gepfändet. Hat der Schuldner sechs Jahre lang gezahlt, erteilt das Gericht die Restschuldbefreiung. Nun kann man ohne alte Schulden neu beginnen.

Etliche seriöse Institutionen mit fachkundigen Mitarbeitern haben das Wohl des Schuldners im Blick. Am besten Hände weg von unbekannten Angeboten in den Zeitungen.

Versicherungen und Geldanlagen – was ist gut für mein Kind?

Fast alle Eltern haben den Wunsch, ihre Kinder abzusichern und ihnen für später einen kleinen finanziellen Grundstock mitzugeben. Doch egal, ob Geldanlagen oder Versicherungsverträge: Es wird viel Unsinniges angeboten – und die für Eltern und Kinder besseren Möglichkeiten werden häufig verschwiegen. Dieses Kapitel soll Ihnen einen Überblick geben, mit welchen Anlageformen welche Renditen zu erwirtschaften sind.

Erst mal sind alle Geldgeschäfte Elternsache

Gerade im Hinblick auf die Bankgeschäfte ist wichtig, was bereits zur rechtlichen Stellung der Kinder und Jugendlichen nach dem BGB gesagt wurde. Kinder unter sieben Jahre sind schließlich (§§ 104 ff BGB) geschäftsunfähig. Das gilt auch für alle Geldangelegenheiten. Sparbücher und Geldanlagen können nur von den gesetzlichen Vertretern für sie eingerichtet und verwaltet werden. Erst Kinder und Jugendliche zwischen sieben und 18 Jahren sind (nach §§ 106 ff BGB) beschränkt geschäftsfähig. Für alle Kaufentscheidungen und Verträge, auch für die Einrichtung eines Sparkontos oder Sparvertrages, brauchen sie noch die Einwilligung ihrer gesetzlichen Vertreter. Eine entsprechende Blitzübersicht zu den Bankgeschäften des Nachwuchses finden Sie auf Seite 106.

Das Sparbuch zeigt buchstäblich schwarz auf weiß, wie sich Geld durch stetes Sparen vermehrt. Das regt Kinder zum Sparen an.

Am Anfang steht meistens das Sparbuch

Banken und Sparkassen helfen Kindern beim Sparen. Für kleinere Kinder bieten sie Spardosen an. Hier wird das Geld zunächst gesammelt und später auf ein Sparkonto eingezahlt oder ausgegeben. Daran erinnern wir uns wohl alle noch. Irgendwann nimmt das Sparen in der Dose ab und das Geld wird freiwillig direkt auf das Sparbuch eingezahlt. Aktuelle Marktstudien und Verbraucheranalysen zeigen: Mit zunehmendem Alter dürfen die Kinder über das Ersparte frei verfügen. Leider besitzen aber 37 Prozent der sieben- bis 15-Jährigen keine Spardose und 51 Prozent dieser Altersgruppe auch kein eigenes Sparkonto.

Doch das früher bevorzugte Sparen mit dem Sparbuch hat große Vorteile, auch wenn nur kleine Beträge eingezahlt werden. Alle Ein- und Auszahlungen sowie Zinsgutschriften sind übersichtlich dargestellt. Das Kind lernt, dass auch kleine Beträge verzinst werden und sich das Vermögen

Überweisungen vom Girokonto können bei jedem Geldinstitut weit über dessen Öffnungszeiten hinaus am Automaten vorgenommen werden. Das ist obendrein die billigste Variante.

somit vermehrt. Da diese Sparform sehr einfach ist, bietet sie sich an, um das erste Sparen zu üben. Dennoch sollte der Nachwuchs darauf hingewiesen werden, dass ein Sparbuch wegen seiner mageren Zinsen allenfalls für den Anfang geeignet ist. Für höhere Sparziele und zur gezielten Anlage höherer Summen sollte gemeinsam mit den Kindern im Geldinstitut nach Sondersparformen mit attraktiverer Verzinsung gefragt werden. Wichtig: Nehmen Sie Ihre Kinder zu solchen Gesprächen stets mit.
Größere Beträge oder Einmalanlagen können mit einer höheren Sonderzinsvereinbarung für eine bestimmte Laufzeit festgelegt werden. Wenn regelmäßig (monatlich, vierteljährlich) angespart wird, gibt es wiederum höhere Zinsen und am Laufzeitende des Sparvertrages einen zusätzlichen Bonus. Diese Sparform wird gerne von Verwandten für den Nachwuchs gewählt. Besser wegen der zu erwartenden höheren Rendite ist es aber meistens, dasselbe Geld in einen Investmentsparplan einzuzahlen.

Mit dem Girokonto Erfahrungen sammeln

Das Girokonto dient im Normalfall nicht dazu, Geld anzusparen, dafür gibt es das Sparbuch oder Sparpläne. Ein normales Girokonto ist zum bargeldlosen Geldverkehr gedacht, es gehen regelmäßige oder auch unregelmäßige Zahlungen ein und per Dauerauftrag, Überweisung oder Lastschrifteinzug aus. Das ist der bequemste Zahlungsweg. Alle Ein- und Ausgänge werden gebucht und mit dem aktuellen Kontostand auf den Kontoauszügen ausgewiesen. Damit hat der Kontoinhaber stets einen guten Überblick. Die Kontoauszüge werden gegen Portoersatz wöchentlich oder monatlich zugeschickt oder können kostenlos am Kontoauszugsdrucker abgerufen werden.
Dazu gibt es aber auch von zahlreichen Geldinstituten Girokonten, auf denen vom ersten Euro an eine Guthabenverzinsung gewährt wird, ohne dass Mindestanlagezeiten einzuhalten sind. Bei vielen Geldinstituten erfordert das zwar eine Kontoführung übers Internet. Aber da sind die 12- bis 14-Jährigen ja ohnehin viel geschickter als ihre Eltern.

Jugendliche lernen durch die Verfügungsgewalt über ihr Konto, auch mit größeren Summen verantwortlich umzugehen.

Der eigenständige Umgang mit einem Girokonto stärkt die Selbstständigkeit der Kinder. Dies allerdings nur dann, wenn auch regelmäßige Geldeingänge erfolgen. Für Auszubildende ist ein Girokonto ohnehin unverzichtbar, weil der Arbeitgeber das monatliche Gehalt nur dorthin überweisen kann. Ein Girokonto ohne Überziehungsmöglichkeit kann auch für minderjährige Schüler, die nebenbei jobben, unverzichtbar sein, weil Arbeitgeber den Lohn nur noch ungern bar auszahlen.

Unsere Kinder und ihr Erspartes

Art der Geldanalge	Anteil Kinder und Jugendliche 6–17 Jahre (in %)
Taschengeldkonto	10
Girokonto	11
Sparbuch	81

Alter	Sparen in der Dose (in %)	Dürfen über das Ersparte frei verfügen (in %)
7–9 Jahre	73	45
10–12 Jahre	67	76
13–15 Jahre	47	88

Bei Krediten für Minderjährige geht die Bank leer aus

Die Eröffnung eines Girokontos für Minderjährige und somit beschränkt Geschäftsfähige ist jedoch (wie auch die Eröffnung des Sparbuchs) nur mit schriftlicher Zustimmung des gesetzlichen Vertreters möglich. Haben geschiedene Eheleute gemeinsames Sorgerecht vereinbart, müssen beide Elternteile zustimmen. Diese Zustimmung schützt den Minderjährigen gegen Verpflichtungen und rechtliche Nachteile, die er selbst noch nicht überblicken kann (§§ 106 ff BGB).

Bei der Kontoeröffnung können die Eltern (denn sie sind im Normalfall die gesetzlichen Vertreter) bestimmen, ob der Jugendliche mit seiner Unterschrift künftig alleine über das Konto verfügen darf. Wenn Minderjährige mit Zustimmung der Eltern ein Ausbildungsverhältnis eingehen, dürfen sie ohnehin selbstständig ein Gehaltskonto einrichten.

Girokonten für jüngere Kinder werden oft auch als Taschengeldkonten bezeichnet und mit allerlei Fantasienamen geschmückt. Und sie werden bei Minderjährigen ausschließlich auf Guthabenbasis geführt, das Konto kann also nicht überzogen werden. Denn Minderjährige dürfen, wie bereits erwähnt wurde, ohne Zustimmung der Eltern plus der des Vormund-

Das bieten Banken dem Nachwuchs an – und das taugt es

Anlageform	Geeignete Verwendung	Vorteile	Nachteile
Sparbuch auf den Namen des Kindes	Geldgeschenke und Inhalt der Spardose können dort für größere Anschaffungen gesammelt und verzinst werden	Unkompliziert, schnelle Verfügbarkeit	Zinssatz bei dreimonatiger Kündigungsfrist ist minimal
Jugendsparbuch	Erstes Sparbuch für Taschengeld für Kinder ab 6 Jahren, die selbst unterschreiben können	Mithilfe der Eltern gute Übung für Zahlenverständnis, unkomplizierte Anlage, schnelle Verfügbarkeit	Minimale Zinserträge
Girokonto auf Guthabenbasis	Gut für Schüler, die weiterführende Schulen besuchen (ab 10. Lebensjahr)	Gute Übung für den Umgang mit Geld, vermittelt Gefühl für Einnahmen und Ausgaben	Keine Zinserträge
Depot auf den Namen der Eltern mit Vertrag zugunsten des Kindes	Je nach Risikobereitschaft der Eltern für Wertpapier- oder Aktienanlage	Zusätzliche steuerliche Freigrenze für Kursgewinne und Freibetrag für Kapitalvermögen, wenn Depot auf den Namen des Kindes läuft, langfristig eine ertragreiche Anlage	Teure Kontoführung, zeit- und verwaltungsintensive Anlage, Risiko des Kursverlustes
Festgeld, Termingeld	Für die Einzahlung größerer Geldgeschenke	Gute Zinssätze meistens schon ab 2556 Euro, auch ohne lange Festlegung möglich	Verwaltungsintensiv, es sind immer neue Zinssätze auszuhandeln
Investmentsparplan, Ratensparvertrag	Für die regelmäßige Einzahlung von Kindergeld oder für das Sparen von den Großeltern	Höhere Rendite als Sparbuch, besonders beim Investmentsparen	Langfristige Anlage mit guter Rendite, bei Ratensparplan aber keine kurzfristige Verfügbarkeit, kostenintensiv (Ausgabeaufschläge, Verwaltungskosten)
Ausbildungsversicherung	Kapitallebensversicherung auf das Leben von Vater oder Mutter, regelmäßige Einzahlung von Kindergeld oder Teilen davon	Bei Tod der versicherten Person läuft der Vertrag beitragsfrei weiter, gute Risikoabsicherung, wird bei Ausbildungsbeginn ausgezahlt	Langfristige Anlage, keine kurzfristige Verfügbarkeit. Ablaufleistung schwankt je nach Gesellschaft, steuerpflichtige Erträge bei vorzeitiger Auszahlung (Laufzeit weniger als 12 Jahre)
Aussteuerversicherung	Kapitallebensversicherung auf das Leben von Vater oder Mutter und des Kindes, regelmäßige Einzahlung von Kindergeld oder Teilen davon	Auszahlung erst bei Heirat, spätestens zum 25. Geburtstag des Kindes, bei Tod des Beitragszahlers läuft Vertrag beitragsfrei weiter	Langfristige Anlage, keine kurzfristige Verfügbarkeit, Ablaufleistung schwankt je nach Gesellschaft, steuerpflichtige Erträge bei vorzeitiger Auszahlung (Laufzeit weniger als 12 Jahre)

schaftsgerichts ohnehin keine Kredite aufnehmen. Wenn ein Kreditinstitut dennoch Minderjährigen einen Überziehungskredit einräumt, sind die Eltern rechtlich nicht verpflichtet, das möglicherweise entstehende Minus auszugleichen. Der Gesetzgeber schützt damit zumindest Minderjährige vor Verschuldung.

Die Maestro-Karte – auch für Jugendliche sinnvoll?
Bei Eröffnung eines Girokontos wird von den meisten Kontoinhabern auch eine Kundenkarte beantragt. Hiermit kann der Kontoinhaber nach Eintippen seiner persönlichen Geheimzahl Geld an institutseigenen Geldautomaten gebührenfrei abheben, ohne dass er an die Schalteröffnungszeiten gebunden ist. Geldabhebungen sind bei Minderjährigen nur im Rahmen des jeweiligen Guthabens möglich, Kontoüberziehungen sind ausgeschlossen.
Volljährige dagegen erhalten sofort die Maestro-Karte (früher: EC-Karte), die zugleich immer auch eine Kreditkarte darstellt, weil damit Kontoüberziehungen möglich sind – aber nur bis zum eingeräumten Dispositionsrahmen. Minderjährige erhalten diese Karte nur mit Zustimmung der Eltern und des Vormundschaftsgerichtes.
Mit der Maestro-Karte kann fast überall bargeldlos gezahlt werden. Hat der junge Erwachsene aber keine vernünftige Geldverwaltung gelernt, kann er leicht den Überblick verlieren, wenn er zu viele Ausgaben auf diese Weise begleicht. Selbstverständlich müssen auch Jugendliche darauf aufmerksam gemacht werden, dass die Geheimzahl für ihre Karte niemals gemeinsam mit der Karte aufbewahrt werden darf, weil sonst auch Unbefugte damit Geld abheben können.
So früh wie möglich sollten Kinder lernen, dass Geldkarten jeder Art so wertvoll sind wie ein Stapel Bares. Und dass der Verlust einer Karte der Bank sofort mitgeteilt werden muss, gegebenenfalls über die 24-Stunden-Hotline. Nur dann gehen unberechtigte Abhebungen zulasten des Geldinstituts.

Ein Dispositionskredit ist Vertrauenssache. Zur Verantwortung erzogene Jugendliche schätzen das und werden sich entsprechend verhalten.

Üben für die Volljährigkeit

Sobald der Jugendliche volljährig wird, ist er als voll geschäftsfähige Person gesetzlich nicht mehr gegen Verschuldung geschützt. Er darf plötzlich alles ohne Einwilligung der Eltern, auch wenn das vielleicht noch nicht seinem Entwicklungsstand entspricht. Es gibt 15-Jährige, die vernünftig mit Geld umgehen, andere können das auch mit 50 Jahren noch nicht. Leider kann man sich heute nicht mehr darauf verlassen, dass die Kundenberater der Banken und Sparkassen ihre jungen Kunden vernünftig mit den vielen Möglichkeiten der Geldgeschäfte vertraut machen. Ihnen geht es häufig vor allem um den eigenen Profit, und deshalb bieten sie

Blitzübersicht zu den Bankgeschäften des Nachwuchses

Kinder und Jugendliche dürfen	Bis 7 Jahre	Ab 7 Jahren	Als Auszubildende unter 18 Jahren	Als Selbstständige unter 18 Jahren (mit Ausnahmegenehmigung)
Mit Bargeld oder bargeldlos	Nichts	Frei im Rahmen ihres Taschengeldes entscheiden	Frei im Rahmen ihres Einkommens entscheiden, ein Gehaltskonto eröffnen, Überweisungen im Zusammenhang mit dem Arbeitsverhältnis veranlassen	Überweisungen im Rahmen des Geschäftsbetriebes veranlassen
Mit Kundenkarte	Nichts	Im festgelegten Rahmen bzw. bis zur Höhe des Guthabens Geld abheben	Einkommen im Rahmen des Guthabens abheben	Geld vom Geschäftskonto abheben, Maestro-Karte mit Zustimmung des Vormundschaftsgerichts besitzen
Mit Sparguthaben	Nichts, auch nicht mit Zustimmung der Eltern	Mit Zustimmung der Eltern oder im vorher festgelegten Rahmen Geld abheben und Geld einzahlen	Mit Zustimmung der Eltern oder im vorher festgelegten Rahmen Geld abheben und Geld einzahlen	Selbst Geld aus dem Geschäft anlegen
Bei Krediten und Ratengeschäften	Nichts	Nichts	Nichts	Kaum möglich
Bei Verträgen	Nichts	Schwebend unwirksam bis zur Zustimmung der Eltern und des Vormundschaftsgerichts	Lehrvertrag muss von Eltern unterschrieben werden	Mit Ausnahmegenehmigung selbst unterschreiben

auch gerne einmal teure Dispositions- oder Ratenkredite an, ohne auf die Gefahr einer möglichen späteren Überschuldung hinzuweisen.
Der junge Erwachsene muss also auch in Geld- und Bankangelegenheiten erst langsam in den Status des voll geschäftsfähigen Erwachsenen hineinwachsen. Leichter wird dies, wenn schon Minderjährige den Umgang mit Giro- und Sparkonten, Kundenkarten und Kontoauszügen lernen.

Sind Kontoüberziehungen ein Lerninstrument?

Sobald sie ein Ausbildungsverhältnis mit regelmäßigem Einkommen haben, wünschen sich Minderjährige von ihrer Bank meistens auch die Einräumung eines Dispositionskredits. Dies ist zwar bei Zustimmung von Eltern und Vormundschaftsgericht möglich, doch sind hier die Vor- und Nachteile gut gegeneinander abzuwägen. Ob die Eltern letztlich die Einräumung eines Dispokredits für ihr minderjähriges Kind befürworten, sollte von dessen Entwicklungsstand in Finanzdingen abhängig gemacht werden.

Starthilfen von der Verwandtschaft: Wie wird das Kind am schnellsten reich?

Geldgeschenke sind beliebt bei Großeltern oder Paten. Und die Kinder freuen sich später garantiert über ein kleines Polster – als Finanzhilfe für den Führerschein, das erste Auto oder die erste Wohnungseinrichtung. Manche Eltern setzen die ersten Geldgeschenke gleich als Grundstein für den strategischen Vermögensaufbau ihrer Kinder ein. Denn der Faktor Zeit lässt auch kleine Beträge zu großen Summen anwachsen. Und viel leichter als man glauben mag, lässt sich sogar das ganz ehrgeizig klingende Ziel »Wie wird das Kind am schnellsten reich?« erreichen.
Zwei Drittel aller Eltern (65,6 Prozent) legen nach einer Untersuchung der Zeitschrift »Familie & Co.« Geld für ihre Kinder auf die hohe Kante. Aber hohe Kante bedeutet noch lange nicht hohe Rendite: Nur jedes fünfte Elternpaar setzt beim Vermögensaufbau für seine Kinder auf Aktien bzw. Aktienfonds. In fast 80 Prozent aller Familien werden als Anlageformen vor allem das Sparbuch oder Sparverträge mit regelmäßigen Einzahlungen bei Banken oder Versicherungen gewählt. Bei Aktienfonds waren bisher langfristig betrachtet stets über zehn Prozent Jahresrendite zu erzie-

Großmutters Sparstrumpf hat sich längst überlebt. Das Interesse an höheren Renditen läuft allmählich auch dem klassischen Sparbuch den Rang ab.

len, auch wenn die Börsenkurse zwischenzeitlich massiv einbrachen. Doch folgende langfristige Rendite konnte keine andere Anlageform bieten: Monatlich 51 Euro ab der Geburt bis zum 18. Geburtstag in einen guten Fonds mit 14 Prozent Rendite eingezahlt, summieren sich bis zur Volljährigkeit auf rund 45 031 Euro – das eingezahlte Kapital von 11 016 Euro wird mehr als vervierfacht. Wer seinen Kindern ein Finanzpolster mitgeben möchte, sollte also nicht das klassische Sparbuch wählen.

Sinnvolle Anlagemöglichkeiten

Mehrfach hat die Stiftung Warentest den Anlageberatern von Banken und Sparkassen eine schon fast erschreckende Inkompetenz attestiert. Ergebnis: Nur zwei von 25 getesteten Geldinstituten leisteten eine gute Beratung. Meistens wird ohne Rücksicht auf die Anlageziele und Interessen der Kunden vorbehaltlos das verkauft, was der Bank am meisten dient.
Auch eine Untersuchung des Max-Planck-Instituts für Bildungsforschung in Berlin stellt den vermeintlichen Experten ein wenig schmeichelhaftes Zeugnis aus. »Laien haben mehr Anlageerfolg als Experten«, lautet das Ergebnis der Forscher. Je weniger aktuelles Fachwissen der Anleger habe, desto eher treffe er aus dem Bauch heraus die richtigen Entscheidungen. Und gerade bei Investmentfonds gibt es eine unumstößliche Börsenregel: Ein Fonds, der

Für und Wider des Dispokredits

- **Dafür** spricht der größere finanzielle Spielraum und damit ein leichteres Wirtschaften, weil z. B. Sonderangebote wahrgenommen werden können, durch die wiederum eingespart werden kann.
- **Dafür** spricht auch, dass die Einräumung eines Dispokredits ein Vertrauensvorschuss der Bank ist, der die Eigenverantwortlichkeit und das Selbstbewusstsein des Jugendlichen stärken kann.
- **Dagegen** spricht die größere Versuchung, mehr Geld auszugeben als man tatsächlich hat.
- **Dagegen** spricht auch die mögliche Überforderung, das Minus überblicken zu können.
- **Dagegen** spricht weiter die Gefahr, dass der Dispokredit zum Dauerkredit wird und deshalb ständig Zinszahlungen anfallen.
- **Dagegen** spricht schließlich auch noch, dass ein Überziehungskredit ein viel zu teures Darlehen ist.

18 Jahre lang monatlich 50 Euro für das Kind gespart – so viel kommt heraus

Die Übersicht zeigt die Verzinsung des eingezahlten Kapitals (10 800 Euro), wenn alle Erträge zum selben Zinssatz wieder angelegt werden und bis zum 18. Lebensjahr keine Entnahmen erfolgen.

Zinssatz	Endbetrag	davon Zinsen
3 %	14 277	3 477
4 %	15 027	4 920
5 %	17 337	6 537
6 %	19 146	8 346
7 %	21 173	10 373
8 %	23 444	12 644
9 %	25 989	15 189
10 %	28 842	18 042
11 %	32 039	21 239
12 %	35 624	24 824

Gerade bei Versicherungsverträgen ist es schwierig, durch das klein Gedruckte durchzusteigen. Diese Mühe sollten Eltern keinesfalls scheuen, um nicht eines Tages böse Überraschungen zu erleben.

in den Hitlisten über lange Zeiträume auf den vordersten Plätzen liegt und auch aktuell noch besser als der Durchschnitt aller Angebote abschneidet, wird selten plötzlich schlecht. Also: Für den langfristigen Vermögensaufbau sind Investmentfonds immer eine gute Sache. Und damit sind sie auch die idealen Anlagen, wenn Eltern früh beginnen, ihren Kindern ein Finanzpolster zu schaffen. Ein zusätzlicher Vorteil: Wenn die Haushaltskasse gerade wieder arg strapaziert ist, kann mit Einzahlungen problemlos vorübergehend ausgesetzt werden – anders als bei klassischen Ratensparverträgen. Da sind die vereinbarten Raten in jedem Fall fällig.

Sparen für die Kinder – nicht um jeden Preis

Ein schlechtes Gewissen allerdings sollte niemand haben, wenn er nur sehr wenig oder gar nichts für seine Kinder zur Seite legen kann. Wenn die Finanzdecke dafür zu dünn ist, ist es mindestens genauso wichtig, das Geld für ein schönes Zuhause und die Finanzierung einer angenehmen

Eine intuitive Entscheidung sollte bei Geldanlagen genaueste Informationen nicht ersetzen. Beides zusammen kann den Erfolg sichern.

Kindheit auszugeben. Es wäre der falsche Weg, sich für die Zukunft der Kinder Geld auf Biegen und Brechen förmlich vom Mund abzusparen. Ein Großteil der heutigen Generation wird ohnehin schon besser versorgt sein als jede andere vor ihr. Dafür sorgen unter anderem Erbschaften mit kaum noch begreifbaren Summen. Über 1,5 Billionen Euro werden es noch bis zum Jahr 2010 sein – fast doppelt so viel wie ein Jahrzehnt zuvor. Derzeit vererbt statistisch gesehen jeder Angehörige der abtretenden Gründergeneration ein durchschnittliches Vermögen im Wert von 163 613 Euro. Im Jahr 2010 werden es schon 293 686 Euro sein. Das jedenfalls geht aus einer vom Institut der Deutschen Wirtschaft veröffentlichten Studie hervor. Dazu kommen Gelder, die von den Eltern angelegt werden: Werden von der Geburt bis zum 20. Geburtstag eines Kindes regelmäßig nur 26 Euro monatlich bei einem eher schlechten Zinssatz von sieben Prozent angelegt, kann sich das Kind über ein stattliches Finanzpolster zum Start in das Erwachsenenleben freuen. Sein Vermögen ist dank regelmäßiger Einzahlungen mit Zins und Zinseszins auf 13 275 Euro angewachsen. Noch interessanter wird es, wenn das Kind dieses Geld unangetastet bei demselben Zinssatz weiterhin angelegt ließe. Dann stünde ihm zu seinem 65. Geburtstag – ausschließlich durch die weitere Verzinsung – ein Betrag von über 250 000 Euro zur Verfügung.

Spezielle Versicherungen und was sie taugen

Mittlerweile werden zahlreiche Ausbildungsversicherungen angeboten. Verbraucherschützer kritisieren bei den meisten dieser Kapital bildenden Versicherungen die Undurchsichtigkeit der Geldverwendung. Es ist nicht klar erkennbar, welcher Anteil der regelmäßigen Prämienzahlungen tatsächlich zum Vermögensaufbau führt, Endbeträge sind nicht sicher kalkulierbar. Auch in der Kritik: die oft hohen Abschluss- und Verwaltungskosten. Der Garantiezins für Kundengelder liegt außerdem unter mageren drei Prozent. Der Todesfallschutz bei Versicherungen spricht zwar generell für Versicherungen und macht sie zu einer Mischform aus Risikoschutz und Sparvertrag. Verbraucherschützer jedoch sehen darin nur bei sehr guten Versicherungen einen Vorteil. Bei den meisten Gesellschaften ist die Rendite allerdings zu gering. Da wäre es vorteilhafter, wenn eine Risikolebensver-

Blitzübersicht: Vermögensaufbau für die Kinder – Chancen und Risiken

Anlageform	Vorteile/Nachteile	Langfristige Rendite*
Aktien	Hohe Rendite, nach einem Jahr steuerfreie Kursgewinne, Vermögen jederzeit verfügbar. Hohe Gebühren, viel eigener Aufwand, Kurzzeitanlagen mit hohem Risiko, Vermögenswert ist zum Zeitpunkt des Geldbedarfs nicht abseh- oder planbar	7 bis über 12 %
Aktienfonds	Hohe Rendite, nach einem Jahr steuerfreie Kursgewinne, niedrigere Gebühren, gestreutes Risiko, regelmäßige Einzahlung in Sparpläne möglich, Vermögen jederzeit verfügbar, sichere Gewinne ab Anlagezeitraum zehn Jahre. Endvermögen nicht sicher kalkulierbar	7 bis über 12 %
Gemischte Fonds, Rentenfonds (festverzinsliche Wertpapiere)	Hohe Rendite, Erträge zum Teil steuerpflichtig, begrenztes Risiko, Einzahlung in Sparpläne möglich, sichere Gewinne ab Anlagezeitraum fünf Jahre. Endvermögen nicht sicher kalkulierbar	Unter 4 bis über 9 %
Kapital bildende Versicherungen	Garantierte Mindestauszahlung, Absicherung von Todesfallrisiko der Eltern eingeschlossen. Hohe Kosten für Verwaltung, Vermittler, Verpflichtung zu regelmäßigen Einzahlungen, vorzeitige Vertragsauflösung mit hohen Verlusten	Knapp über 4 bis knapp über 7 %
Ratensparen, Bonussparpläne	Kein Verlustrisiko, Endvermögen sicher kalkulierbar. Keine hohen Renditen, Verpflichtung zu regelmäßigen Einzahlungen, keine Steuervorteile	Nicht über 6 %
Normales Sparbuch	Kein Verlustrisiko, keine Mindest- oder regelmäßigen Einzahlungen. Geringe Renditen, keine Steuervorteile	Nicht über 3 %

*Vergangenheitswerte über 20 Jahre bis zum Jahr 2000, Quelle: Livingstonresearch

sicherung für die Eltern und zusätzlich ein separater Sparplan abgeschlossen würden. Die Prämien für Risikolebensversicherungen betragen im Schnitt nur ein Zehntel der Prämien für Kapitallebensversicherungen mit gleichem Todesfallschutz.

Spezielle Verträge für Kinder sind so genannte Ausbildungsversicherungen – Kapitallebensversicherungen, die im Fall des Todes von Mutter oder Vater beitragsfrei weiterlaufen. Zum Ausbildungsbeginn wird dann die Versicherungssumme ausgezahlt. Die Aussteuerversicherung funktioniert ähnlich. Sie läuft nach dem Tod des versicherten Elternteils ebenfalls beitragsfrei weiter und wird üblicherweise zum 25. Geburtstag ausgezahlt.

Prozesse in der Familie – wenn vor Gericht um Geld gestritten wird

Je schlechter die wirtschaftliche Lage, desto erbitterter wird um jeden Cent und Euro gerungen – auch mithilfe der Justiz und sogar unter Familienmitgliedern. Deshalb müssen sich Gerichte seit Jahren immer häufiger mit Familienstreits wegen des Geldes befassen, bei denen sich Eltern und ihre meist schon erwachsenen Kinder als Kontrahenten gegenüberstehen. Die häufigsten Streitpunkte: Unterhalt und Erbschaftsansprüche.

Ewig lernen und studieren – auf Kosten der Eltern?

Gerade in Zeiten hoher Arbeitslosigkeit wird eine gute Ausbildung immer wichtiger. Jugendliche ohne Schulabschluss landen schnell im sozialen Abseits. Doch auch wenn die Kinder bereits volljährig sind, müssen die Eltern ihnen zumindest eine angemessene Ausbildung finanzieren – darauf wurde auch schon im Kapitel »Vorsicht, wenn Auszubildende bummeln« (Seite 93ff.) hingewiesen. Und so steht es auch im Gesetz (§ 1610 Abs. 2 BGB). Doch um sich einen guten Job zu sichern, geht der Trend bei den Jugendlichen zu immer längeren Ausbildungszeiten. Früher hieß es noch, entweder eine Lehre oder ein Studium. Da konnten sich Eltern darauf einstellen, wie lange sie für ihr Kind voraussichtlich noch aufzukommen hatten. Doch heutzutage beginnt nach einer Lehre keineswegs gleich der Start ins Berufsleben. Denn manch einer, der den Gesellenbrief in der Tasche hat, geht danach zur Fachschule. Und wenn diese erfolgreich abgeschlossen ist, schreibt er sich noch für ein Studium ein. So können aus ehemals drei Jahren Berufsausbildung derzeit leicht sechs bis acht Jahre werden.

Arbeitsplätze fordern immer höhere Qualifikationen. Nur mit einer fundierten Ausbildung sind die Erwartungen zu erfüllen.

Was gilt als erste Ausbildung?

Für Eltern wird die jahrelange Ausbildung der Kids oft ein finanzieller Tiefschlag. Doch sie sind verpflichtet, den Vorstellungen ihres Sprösslings gerecht zu werden. Solange die einzelnen Ausbildungsabschnitte wie Lehre, Fachschule und Studium logisch aufeinander aufbauen und zeitlich aufeinander folgen, gelten alle drei Stationen als ein einziger Ausbildungsgang. Eine Ausnahme allerdings gibt es: Wenn das angestrebte Ausbildungsziel des Kindes im krassen Widerspruch zu seinen Fähigkeiten und Neigungen steht, können die Eltern mit Erfolg weitere Unterhaltszahlun-

Wenn das Kind seine Ausbildung vorzeitig abbricht oder zwischen einzelnen Ausbildungsgängen (Verschnauf-)Pausen einlegt, sind die Eltern von der Finanzierungspflicht befreit.

gen verweigern. Dies wäre z. B. dann der Fall, wenn ein eher musisch begabter Jugendlicher unbedingt Elektrotechnik studieren möchte, obwohl schon in der Schule die Noten in Physik nicht ausreichend waren.
Eine längere Pause dürfen die in Ausbildung befindlichen Kinder aber nicht einlegen. Denn wenn nach einer Ausbildungsetappe erst mal ein Jahr lang gearbeitet wird und das Kind sich später überlegt, doch noch eine weiterführende Schule zu besuchen oder auf eine Universität zu gehen, können Eltern die Zahlung verweigern. Weiter zahlen müssen Eltern aber immer dann, wenn das Kind im ersten Anlauf durch die Abschlussprüfung gerasselt ist. Mehr noch: Die Prüfung kann so oft wiederholt werden, wie es die jeweilige Ausbildungs- oder Prüfungsordnung vorsieht. Und die Eltern haben zu zahlen.
Wird eine erste Ausbildung jedoch vorzeitig abgebrochen, dann sind die Eltern aus dem Schneider. Denn danach muss das Kind selbst für seinen Unterhalt sorgen. Dafür muss es im Notfall sogar schlecht bezahlte Hilfsarbeiten annehmen. Und auch wenn volljährige Kinder nach dem Abschluss ihrer Ausbildung »null Bock« auf Arbeit haben und sich nicht ernsthaft um einen Job bemühen, darf von den Eltern der Geldhahn zugedreht werden.

Die Düsseldorfer Tabelle legt fest: Das kostet Sie Ihr Kind

Für den Unterhalt ihrer Kinder sind immer beide Eltern zu gleichen Teilen zuständig. Solange ein Kind noch klein ist, wird der Unterhalt im Normalfall in Form von Wohnung, Kleidung, Verpflegung und Betreuung geleistet. Und die meisten Eltern zahlen auch noch Taschengeld. Unterm Strich aber haben sie meist keine Vorstellung, welchen Betrag sie konkret monatlich aufwenden. Kommt es allerdings zu einer Scheidung, muss der Unterhalt für das Kind zumindest von einem Elternteil in barer Münze geleistet werden. Richtlinie dafür ist die so genannte Düsseldorfer Tabelle.
Darin wurde vom Oberlandesgericht Düsseldorf der Unterhaltsanspruch von Kindern nach Altersstufen und entsprechend dem Nettogehalt des Unterhaltspflichtigen vorgegeben. Die Tabelle ist zwar kein Gesetz, dient aber den Gerichten als Orientierungshilfe für die Festsetzung des Unterhalts.

Der Unterhalt für volljährige Kinder geht nicht grundsätzlich in deren Tasche. Naturalunterhalt ist auch eine Möglichkeit.

Düsseldorfer Tabelle

Die erste Zahl in Klammern gibt an, um wie viel der vorstehende Regelunterhalt wegen der Anrechnung des Kindergeldes für das erste bis dritte Kind gekürzt werden darf, die zweite Zahl gibt den Abzug für das vierte und alle weiteren Kinder an.

Nettoeinkommen des Zahlers	Altersstufen in Jahren und Beträge in Euro			
	0 – 5	6 – 11	12 – 17	ab 18*
bis 1300	199 (-7/-19,50)	241 (-0/-4,50)	284 (-0/-0)	327
1300–1500	213 (-21/-33,50)	258 (-9/-21,50)	304 (-0/-9,50)	350
1500–1700	227 (-35/-47,50)	275 (-26/-38,50)	324 (-17/-29,50)	373
1700–1900	241 (-49/-61,50)	292 (-43/-55,50)	344 (-37/-49,50)	396
1900–2100	255 (-63/-75,50)	309 (-60/-72,50)	364 (-57/-69,50)	419
2100-2300	269 (-77/-89,50)	326 (-77/-89,50)	384 (-77/-89,50)	442
2300–2500	283 (-77/-89,50)	343 (-77/-89,50)	404 (-77/-89,50)	465
2500–2800	299 (-77/-89,50)	362 (-77/-89,50)	426 (-77/-89,50)	491
2800–3200	319 (-77/-89,50)	386 (-77/-89,50)	455 (-77/-89,50)	524
3200–3600	339 (-77/-89,50)	410 (-77/-89,50)	483 (-77/-89,50)	556
3600–4000	359 (-77/-89,50)	434 (-77/-89,50)	512 (-77/-89,50)	589
4000–4400	379 (-77/-89,50)	458 (-77/-89,50)	540 (-77/-89,50)	622
4400–4800	398 (-77/-89,50)	482 (-77/-89,50)	568 (-77/-89,50)	654
über 4800	Je nach Umstand des Falles			

*Meist Einzelfall-Regelung, weil betreuender Elternteil nicht mehr von der Zahlung befreit ist, Kindergeld zur Hälfte und der Ausbildungslohn (bis auf den Selbstbehalt von 85 Euro) angerechnet wird

Wie viel Unterhalt für Volljährige in Ausbildung?

Die Düsseldorfer Tabelle ist hauptsächlich für Kinder unter 18 Jahre vorgesehen. Denn volljährige Kinder haben grundsätzlich keinen Anspruch mehr auf Unterhalt durch die Eltern. Das gilt allerdings nicht, wenn sie weiterhin bedürftig sind, das heißt, noch in der Ausbildung stehen und für ihre Bedürfnisse nicht allein aufkommen können.

Wohnt der Volljährige bei seinen Eltern, beträgt der Unterhaltsbedarf (ohne Kranken- und Pflegeversicherung) mindestens 500 Euro monatlich. So wurde es in einer Leitlinie des OLG Frankfurt/Main festgelegt. Und wenn

das Kind zu der Zeit schon eigenes Einkommen hat, wird es auf diese Summe angerechnet. Abziehen darf der Sprössling nur Werbungskosten, die er konkret belegen kann (Kleidung, Bücher). Lebt das volljährige Kind nicht mehr bei seinen Eltern, sondern z. B. als Fachschüler oder Student in einer anderen Stadt, stehen ihm 600 Euro pro Monat zu.
Beim Blick auf die Düsseldorfer Tabelle ergibt sich aus den eben genannten Beträgen scheinbar ein Widerspruch. Aber: Es ist zu berücksichtigen, dass es sich in der Tabelle nur um den Unterhaltsteil des nicht mit dem Kind zusammenlebenden Elternteils handelt. Folglich drückt die Tabelle nur den halben Gesamtunterhaltsanspruch aus.

Über 18 – Unterhalt auch in bar

Da ein Kind ab seiner Volljährigkeit keine Betreuung mehr benötigt, müssen beide Elternteile Unterhalt zahlen. Das trifft vor allem geschiedene Mütter hart, die ihre Unterhaltspflicht für jüngere Kinder, die in ihrem Haushalt leben bzw. lebten, bisher ausschließlich durch die Betreuung abgelten konnten. Der Wegfall der Betreuung führt aber nicht automatisch dazu, dass die Mutter auf den halben Unterhalt des Vaters verzichten muss, denn jeder Elternteil zahlt nur entsprechend seines Einkommens nach der Düsseldorfer Tabelle. Die Eltern können wählen, in welcher Form sie den Unterhalt gewähren, ob als Natural- oder als Barunterhalt. Und wenn die Umstände es zulassen (z. B. bei einem Studium im Heimatort), dürfen Eltern dem Kind kostenloses Wohnen und ein Taschengeld anbieten und können sich dadurch der Pflicht zur Zahlung von Barunterhalt entziehen.

Wichtige Unterhaltsurteile, die Eltern kennen sollten

Kinder müssen sich nicht unbedingt an Hausarbeit beteiligen

Im Bürgerlichen Gesetzbuch ist es klar geregelt: Wenn Kinder im Haushalt der Eltern leben, müssen sie als Gegenleistung für den Unterhalt auch mithelfen. Aber es gibt Ausnahmen: Ältere bzw. volljährige Kinder, die ihre Arbeitskraft für einen bezahlten Job einsetzen (z. B. Ausbildung), aber noch zu Hause wohnen, sind von der Verpflichtung befreit (Urteil BGH VI ZR 144/96 – 10/97).

Eltern müssen grundsätzlich keine zweite Ausbildung bezahlen
Wer nach dem Abschluss seiner Erstausbildung zunächst mindestens ein Jahr lang arbeitet, danach eine weiterführende Schule besucht, um anschließend ein Studium aufnehmen zu können, hat keinen Anspruch auf finanzielle Unterstützung aus dem elterlichen Haus. Eltern müssen die Zweitausbildung ihrer Kinder grundsätzlich nicht finanzieren (Urteil OLG Koblenz 11 UF 166/94 – 01/96).

Vermögende Kinder müssen sich an Ausbildungskosten beteiligen
Während der Erstausbildung haben volljährige Kinder Anspruch auf Unterhalt von ihren Eltern. Dabei müssen sie allerdings auch eigenes Vermögen einsetzen. Es werden jedoch 4000 Euro als Rücklage anerkannt (Urteil BGH XII ZR 20/96 – 07/98).

Unterhaltsurteil für ungeborene Kinder
Zahlreiche Väter kommen ihren Unterhaltsverpflichtungen nicht oder nur unzureichend nach. Dann kann nur eine gerichtliche Entscheidung Abhilfe schaffen. Entsprechende Urteile sind nun auch bereits vor der Geburt des Kindes möglich, also auch dann, wenn die Vaterschaft noch nicht eindeutig feststeht. Im entsprechenden Prozess (OLG Schleswig 13 WF 122/99 – 01/00) wurde der mutmaßliche Erzeuger zur Unterhaltszahlung ab dem Tag der Geburt verurteilt. Gleichzeitig gewährte das Gericht dem Ungeborenen Prozesskostenhilfe zur Feststellung der Vaterschaft.

Keine Benachteiligung von nicht ehelichen Kindern
Nach dem Gesetz können nicht eheliche Kinder dieselben Unterhaltsansprüche geltend machen wie eheliche Kinder. Ein Vater muss deshalb den bisherigen Unterhalt für sein nicht eheliches Kind in voller Höhe auch dann weiter zahlen, wenn er für eheliche Kinder zu sorgen hat. Reicht das Einkommen dazu nicht aus, ist der Unterhalt für alle Kinder gleichermaßen zu kürzen (Urteil OLG Koblenz 13 WF 583/99-7/00).

Unterhalt manchmal doch auch für ein Studium nach abgeschlossener Lehre
Normalerweise müssen Eltern ihren Kindern nur eine Ausbildung finanzieren. Für alles Weitere sind Volljährige dann selbst verantwortlich. Anders verhält es sich jedoch, wenn das Studium im Anschluss an die Lehre von vornherein geplant war. Dann müssen die Eltern auch während des Studiums Unterhalt zahlen (Urteil OLG Koblenz 13 UF 566/99 – 12/00).

Bei Geldangelegenheiten zeigt sich der wahre Charakter. Diese Redewendung kann mancher in Erbstreitigkeiten als bare Münze nehmen.

Kein Kindergeld für Unentschlossene

Gefahr für Eltern, deren Kind nach einem Schulabschluss im Sommer noch keine Ausbildung begonnen hat: Nach vier Monaten Berufsfindungsphase ohne Ergebnis darf das amtliche Kindergeld gestrichen werden. Denn dann ist dem Kind zuzumuten, irgendeine Arbeit anzunehmen, um zum eigenen Unterhalt beizutragen (Urteil FinG Baden-Württemberg 9 K 197/98 – 2/01).

Geld als Unterhalt, auch wenn das Kind zu Hause lebt

Auch wenn erwachsene Kinder noch zu Hause leben, können sie von ihren Eltern einen Teilbetrag des Unterhalts in bar verlangen. Begründung: Mit der Volljährigkeit ist das elterliche Sorgerecht beendet, die Kinder benötigen also keine Pflege, keine Versorgung und keine Erziehung mehr. Weil die meisten Kinder geschiedener Eltern und allein Erziehender im Haushalt der Mutter leben, heißt das im Klartext: Die Mutter muss einen Teil zum Unterhalt beisteuern und der Vater darf ab dem Zeitpunkt der Volljährigkeit weniger zahlen (Urteil BGH XII ZR 34/00 – 1/02).

Streit ums Erbe – wenn die eigene Mutter verklagt wird

Jahrelange Streitigkeiten ums Erbe sind vor Gericht keine Seltenheit. Viele Menschen glauben, nur wenn es um Millionen geht, werde sich richtig gezofft. Doch eher das Gegenteil ist der Fall. Denn wenn es um wirklich große Summen geht, überlässt der bisherige Eigentümer das Vermögen selten den gesetzlichen Regelungen oder einfach dem Zufall. Da gibt es ausgefeilte Verträge bzw. Testamente zur Verteilungs- und Nachfolgeregelung oder zur Verschiebung von Vermögen in Holdings oder Stiftungen. Stirbt ein wirklich vermögender Mensch, sind alle Fragen zur Nach- und Erbfolge üblicherweise schon so gut geregelt, dass keine Streitereien mehr vor Gericht aufkommen.

Testament oder Erbvertrag regeln den Nachlass gemäß den Wünschen des (künftigen) Erblassers. Nur den Pflichtteil kann er seinen nächsten Angehörigen nicht verweigern.

Nun sind aber ohnehin die Millionen-Erbschaften die Ausnahme. Und ganz anders sieht es bei den Millionen Normalverdiener-Familien aus, bei denen das Vermögen vielleicht aus einem kleinen Sparbuch, aus Bausparverträgen und Kapitalversicherungen, aus ein paar Wertgegenständen und vielleicht noch aus einer selbst genutzten Immobilie besteht. Anwälte,

Notare und Richter können ein Lied davon singen, dass gerade in solchen Fällen oft am heftigsten gestritten wird, weil bei einem ohnehin schon kleinen Kuchen, der zur Verteilung ansteht, jeder das größte Stück haben möchte.

Vor allem für Frauen – statistisch gesehen sterben Männer um einige Jahre früher – kann ein fehlendes Testament eines Tages gefährlich werden. Manchmal kommt es zu einem erbitterten Erbstreit zwischen den Kindern und der eigenen Mutter. Denn die Kinder haben immer Anspruch darauf, ihren Erbteil sofort ausgezahlt zu bekommen. Und wenn nach dem Tod des Mannes (des Vaters) bei den Kindern die Geldgier durchbricht, muss ihnen die Frau (die Mutter) als Haupterbin ihren Anteil auszahlen. Nicht selten muss sie sich dafür verschulden oder das Haus bzw. die Wohnung verkaufen.

So viel erbt die Ehefrau, wenn der Mann stirbt (und umgekehrt)

Gesetzliche Regelung in der Zugewinngemeinschaft (dies ist bei Ehepaaren der Normalfall)

Familiensituation	**Was die Ordnung der Erben bedeutet**	**Ehefrauenanspruch**
Neben Erben erster Ordnung	Gemeint sind damit Kinder, Enkel und Urenkel des Verstorbenen	Ein Viertel + ein Viertel als Zugewinnausgleich
Neben Erben zweiter Ordnung	Eltern, Geschwister, Nichten und Neffen des Verstorbenen	Eine Hälfte + ein Viertel als Zugewinnausgleich
Neben den Großeltern des Verstorbenen – sofern sie noch leben	Die beiden Großelternpaare des Verstorbenen	Eine Hälfte + ein Viertel als Zugewinnausgleich
Neben Erben, **dritter und höherer Ordnung**, aber ohne Großeltern (s. o.)	Tanten und Onkel, Cousins und Cousinen, also die Abkömmlinge der beiden Großelternpaare	Alles (als Alleinerbin)

Selbst wenn zu Lebzeiten alles anders besprochen wurde und mit allen Familienmitgliedern darüber bestes Einvernehmen bestand, bricht im Erbfall oft ein erbitterter Streit aus. Da mischen sich dann Schwiegerkinder ein und hetzen ihre Partner auf, das Erbe zu fordern. Oder Kinder wollen sich dafür rächen, dass der überlebende Elternteil einen neuen Partner gewählt hat.

Worauf muss beim Vererben geachtet werden?

Das Bild der geschlossenen Familie aus dem letzten Jahrhundert wurde durch das der bunten Patchworkfamilie abgelöst. Der Gesetzgeber hat darauf reagiert und alle Kinder beim Erbe gleichgestellt.

Vor Streit ums Erbe schützt auch das so genannte Berliner Testament nicht. Das ist die bekannteste Form, die jedes Ehepaar privat aufsetzen kann. Es legt fest: Der überlebende Ehegatte bekommt alles – erst nach dessen Tod geht der Nachlass zu gleichen Teilen an die Kinder. Doch die Tücke ist: Ihren Pflichtteil (das halbe gesetzliche Erbe) können Kinder trotz des Testaments bereits vorher fordern. Und das ist bei einem Kind ein Viertel, bei zwei Kindern jeweils ein Achtel des Gesamterbes. Wirkliche Sicherheit bringt das Berliner Testament nur, wenn noch zu Lebzeiten beider Partner alle weiteren Erben auf ihren Pflichtteil nach dem Tod des Erstverstorbenen verzichten. Solche Verträge müssen notariell besiegelt werden. Doch etwa 80 Prozent aller Eltern verfassen gar kein Testament. Und dann gilt immer die gesetzliche Erbfolge.

Normalerweise gibt es zwei sichere Möglichkeiten, den letzten Willen festzulegen: Man schreibt entweder ein Testament oder man macht einen Erbvertrag – beides schließt die gesetzliche Erbfolge aus.

Mit solchen Regelungen kann grundsätzlich alles verteilt werden, was zum Vermögen des (künftigen) Erblassers gehört. Der Nachlass kann auch vollständig oder teilweise jedem beliebigen Menschen zugedacht werden. Der

Die gesetzliche Erbfolge ohne Testament

1. Zunächst erbt neben dem Ehegatten jeder direkte Nachkomme, also Kinder oder Enkel des Verstorbenen. Gibt es mehrere Kinder (auch uneheliche), erben alle zu genau gleichen Teilen. Enkel erben nur, wenn deren Eltern (Kinder des Verstorbenen) nicht mehr leben – sie sind die Erben erster Ordnung.
2. Sind keine Kinder oder Enkel vorhanden, treten die Eltern des Verstorbenen in die Erbfolge ein. Sind diese schon tot, kommen die Kinder der Eltern des Verstorbenen an die Reihe, also seine Brüder und Schwestern bzw. deren Nachkommen (Erben zweiter Ordnung).
3. Die dritte Ordnung in der Erbfolge geht von den Großeltern aus. Das heißt, hier können jetzt alle Abkömmlinge der Großeltern erben. Das sind die Onkel und Tanten des Verstorbenen sowie Cousins und Cousinen oder, wenn diese nicht mehr leben, deren Kinder.
4. Findet sich in der Verwandtschaft gar kein Erbe, fällt der Nachlass an den Staat.

Ein seltener Fall: Enterbt zu sein heißt, auch den Pflichtteilsanspruch nicht zuerkannt zu bekommen.

Erbe muss nicht einmal zu den Verwandten gehören. Nicht zuletzt können auch juristische Personen als Erben eingesetzt werden, also die Kirche, ein Verein und viele andere Institutionen. Die Pflichtteilsrechte der nahen Angehörigen sind davon ausgenommen, sie bleiben stets erhalten. Denn der Gesetzgeber meint: Beim Tod eines Angehörigen sollen zunächst dessen nächste Verwandte erben. Für einen künftigen Erblasser bedeutet dies, dass er die Erben erster Ordnung normalerweise nicht übergehen kann. Er muss einen Teil seines Vermögens für folgende Familienmitglieder reservieren: Ehegatte, Kinder, Enkelkinder, Urenkelkinder und Eltern.

Auch nicht eheliche Kinder sind erbberechtigt

Ursprünglich baute die vor über 100 Jahren festgeschriebene gesetzliche Erbfolge darauf auf, dass die ganze Familie aus ehelichen Nachkommen besteht. Doch das ist immer seltener der Fall. Deshalb hat das Gesetz eheliche und nicht eheliche Kinder beim Erbe mittlerweile gleichgestellt. Alle Kinder haben gegen ihre Väter denselben Anspruch. Voraussetzung ist jedoch, dass die Vaterschaft anerkannt bzw. rechtsverbindlich festgestellt ist.

Auch für adoptierte Kinder gilt das gleiche Recht wie für leibliche Kinder. Denn im Normalfall erfolgt eine Adoption zu einem Zeitpunkt, zu dem das Kind noch minderjährig ist. Also: Eheliche, nicht eheliche und adoptierte Kinder stehen an gleicher Stelle in der gesetzlichen Erbfolge, haben Anspruch auf ihren Pflichtteil und Erbanspruch gegenüber den Verwandten ihrer (Adoptiv-)Eltern. Allerdings fallen gleichzeitig mit der Adoption alle Erbansprüche gegen die leiblichen Eltern eines Adoptivkindes weg.

Der seltene Ausnahmefall einer Adoption von Volljährigen führt ebenfalls zu vollen Erbansprüchen der Adoptierten gegenüber ihren Adoptiveltern – allerdings erwerben sie keine Erbansprüche gegen die Verwandten ihrer Adoptiveltern.

Enterben ist kaum möglich

Das Pflichtteilsrecht macht deutlich, dass man Ehegatten, Kinder oder seine Eltern nicht so einfach enterben kann. Allerdings hat das Gesetz diese Möglichkeit doch für einen Ausnahmefall vorgesehen: Der gesetzliche Erbe muss sich als »erbunwürdig« erwiesen haben. Wenn man potenzielle Erblasser befragt, halten viele den einen oder die andere Angehörige(n)

Ein Testament muss von Hand geschrieben und mit Datum versehen sein. Die vollständige Unterschrift kommt direkt unter die letzte Zeile. Die Überschrift muss erkenntlich machen, dass es sich um den letzten Willen handelt.

ohne Zögern für erbunwürdig. Ein Gericht folgt solchen Vorstellungen allerdings selten, das haben viele Prozesse gezeigt.
Auch wenn ein Angehöriger enterbt wird, sollte im Zweifel davon ausgegangen werden, dass er seinen Pflichtteilsanspruch in letzter Konsequenz doch durchsetzen kann, indem er die testamentarische Verfügung der Enterbung anficht. Dann muss das Gericht über die Höhe des Pflichtteilsanspruchs und darüber entscheiden, ob eine Enterbung im konkreten Fall überhaupt zulässig war. Aber wie gesagt: Für eine Enterbung müssten gravierende Gründe vorliegen. Die Rechtsprechung lässt als hinreichenden Grund z.B. zu, wenn der Erbberechtigte dem Erblasser nach dem Leben getrachtet oder ihn misshandelt hat. Auch ein Verbrechen oder schweres Vergehen gegen den Erblasser oder seinen Ehegatten oder eine nicht erfüllte gesetzliche Unterhaltspflicht gegenüber dem Erblasser kann zu Enterbung führen.
Kritisch dagegen ist es, den Pflichtteilsberechtigten wegen eines unerwünschten Partners, sorglosen Umgangs mit Geld oder eines lockeren Lebenswandels zu enterben. Diese Begründung kann sich in der Praxis so gut wie gar nicht durchsetzen. Daher sind die Testamentsschreiber nur dann auf der sicheren Seite, wenn Sie die Pflichtteile in Testamenten und Erbverträgen berücksichtigen.

Wichtige Urteile zum Thema Erbschaft

Testament ist nur zum Teil wirksam
Damit ein selbst verfasstes Testament gilt, muss es vollständig mit der Hand geschrieben sein, die Unterschrift und ein Datum tragen. Sind Teile des Testaments mit Maschine geschrieben, gelten nur die handschriftlichen Passagen (Urteil OLG Zweibrücken, 3 W 48/03 – 2/04).

Um ganz sicher zu gehen und späteren Ärger z. B. wegen eines Formfehlers zu vermeiden, kann beim Aufsetzen eines Testaments notarielle Hilfe in Anspruch genommen werden.

Verschenkt der Mann vor der Ehe sein Geld, bekommt die Frau nichts
Erben steht zumindest der Pflichtteil (50 Prozent des Erbteils) zu. Für Ehepartner gilt diese Regelung aber erst ab der Hochzeit. Verschenkt der Erblasser dagegen beispielsweise zwei Jahre vor seinem Tod sein Vermögen an die Kinder aus erster Ehe und heiratet dann erst seine zweite Frau, steht ihr nichts zu, auch nicht der Pflichtteil (Urteil BGH IV ZR 233/96 – 06/97).

Erbenhaftung nur in Höhe des Nachlasses

Ein Erbe haftet nur für das, was der Verstorbene ihm vererbt hat. In der Regel muss er also maximal den hinterlassenen Betrag bezahlen. Das gilt auch für den Fall, dass der Erblasser gegenüber seiner geschiedenen Ehefrau noch unterhaltsverpflichtet war. Dafür haftet jetzt der Erbe (meistens das Kind). Das aber höchstens bis zur Höhe des Pflichtteils, der dem geschiedenen Ehepartner zugestanden wäre, hätte die Ehe beim Tod des Erblassers noch bestanden (Urteil OLG Celle 21 UF 112/94).

Adoptiveltern können erben – leibliche gehen vor

Adoptierte Kinder haben vier Elternteile, wenn es ans Vererben geht: Neben den Adoptiveltern sind die leiblichen Eltern zu gleichen Anteilen erbberechtigt. Das ist jedoch nur dann der Fall, wenn der Verstorbene erst als Erwachsener adoptiert wurde. Aber natürlich kommen in der Erbfolge vor den Eltern zuerst die Kinder des Verstorbenen (Urteil OLG Zweibrücken 3 W 68/96).

Nur Schenkungen in der Ehe zählen beim hinterlassenen Vermögen mit

Geht es um Pflichtteilsansprüche der Kinder, dann können auch Schenkungen des Erblassers an den Ehegatten in die Berechnung mit einbezogen werden, vorausgesetzt, sie liegen weniger als zehn Jahre zurück. Diese Frist beginnt mit dem Tod des Erblassers. Auf Schenkungen vor der Ehe hat der ansonsten Pflichtteilsberechtigte keinen Anspruch. Deshalb kann er auch mit gerichtlicher Hilfe keine Auskunft darüber erlangen, wie viel und was verschenkt wurde oder welchen Wert die Schenkungen hatten (Urteil OLG Düsseldorf 7 U 120/95 – 11/96).

Kein Pflichtteil: Das Testament ist anfechtbar

Wird in einem Testament jemand nicht bedacht, der Anspruch auf einen Pflichtteil hat, kann er die letzte Verfügung nach dem Tod des Erblassers anfechten. Diese Möglichkeit besteht aber nur dann, wenn er nicht bewusst vom Testament ausgeschlossen, sondern lediglich übersehen wurde bzw. noch nicht berücksichtigt werden konnte. Das kommt vor, wenn z. B. ein gesetzlicher Erbe Nachkommen hat, die bei der Testamentserrichtung noch nicht geboren waren. Allerdings wird eine solche Anfechtung scheitern, wenn das Testament ohnehin nicht von der gesetzlichen Erbfolge abweicht (Urteil BGH IV ZR 278/94).

Verzicht auf Pflichtteil nur zu Lebzeiten des Erblassers möglich

Eines der eigenen Kinder völlig zu enterben, ist kaum möglich. Dazu müssten schon gewichtige Gründe (Betrug, versuchter Mord, Misshandlungen) vorliegen. Der Erbberechtigte hingegen kann mit einem so genannten Pflichtteilverzichtsvertrag sein ihm rechtlich zustehendes Erbe ausschlagen. Dieser ist nur dann wirksam, wenn er zu Lebzeiten des Erblassers abgeschlossen wurde (Urteil BGH IV ZR 62/96 – 01/97).

Wer sich kriminell verhält, kann den Pflichtteilsanspruch verlieren

Um seine nächsten Angehörigen zu enterben, also auch vom Pflichtteil auszuschließen, müssten schon die eben genannten drastischen Voraussetzungen gegeben sein. Dass der Erblasser Anstoß an einem aus seiner subjektiven Sicht unsittlichen Lebenswandel seines erbberechtigten Nachkommen nimmt und ihn deshalb enterbt, genügt Nachlassgerichten nicht. Es sei denn, der Betreffende (in diesem Urteil das Kind) bewegt sich gewohnheitsmäßig in einem nachweislich kriminellen Umfeld und begeht zusätzlich auch noch selbst Straftaten (OLG Frankfurt/M. 9 U 45/96 – 07/98).

Trotz Scheidung erben beide Ehepartner

Wird ein Ehepaar von den Eltern eines Partners gemeinsam als Erbe eingesetzt, gilt das auch nach einer Scheidung weiter. Soll der Expartner des Kindes nichts bekommen, muss das Testament geändert werden (Urteil BGH, IV ZB 28/02 – 10/03).

Testament gilt nur mit Unterschrift am Textende

Damit die gesetzliche Erbfolge außer Kraft gesetzt wird, ist ein vollständig handgeschriebenes Testament mit Datumsangabe und Unterschrift direkt am Textende erforderlich. Fehlt die Unterschrift oder ist sie lediglich am Rand der Seite vorhanden, kann der letzte Wille für ungültig erklärt werden. Das Gericht meint nämlich, eine an den Rand gesetzte Unterschrift könnte bedeuten, dass der Erblasser nicht mit dem gesamten Text einverstanden war (Urteil OLG Köln 2 Wx 37/99-7/00).

Anhang

Adressen, die weiterhelfen

Beratungsdienst der Sparkassen
www.dsgv.de
Link: Geld und Haushalt
Broschürenservice:
Tel. 0711/782 23 77
Fax 0711/782 20 90

Bundesarbeitsgemeinschaft
Schuldnerberatung e.V.
Wilhelmsstraße 11
34117 Kassel
Tel. 0561/77 10 93
www.bag-schuldnerberatung.de
Link: Adressen
Zeigt Schuldnerberatungsstelle am Wohnort an

Bundesfamilienministerium
11018 Berlin
Tel. 030/206 55-0 oder
01805/32 93 29
www.bmfsfj.de
Link: Publikationen
Ratgeber »Was mache ich mit meinen Schulden?«

Schufa
Schutzgemeinschaft für
allgemeine Kreditsicherung
www.schufa.de
Link: Anforderung der Daten
zur Eigenauskunft

Schufa-
Verbraucherservicezentrum
Massenbergstraße 9–13
44787 Bochum
Tel. 0234/976 10

Schufa-
Verbraucherservicezentrum
Georgstraße 11
30159 Hannover
Tel. 0511/123 96

Literaturempfehlungen

Arndt, Karin:
Geld fällt nicht vom Himmel.
Wie Kinder lernen, mit Geld umzugehen.
Ravensburger Ratgeber Familie,
Ravensburg 1997

Braun, Andrea:
Müssen Kinder wirklich alles haben?
Kösel, München 2002

Cavelius, Andrea-Anna/
Pollak, Walter:
Das braucht mein Kind,
um glücklich zu sein.
Südwest, München 2000

Dammler, Axel:
Kinder können kaufen lernen.
Piper, München 2002

Feil, Christine:
Kinder, Geld und Konsum.
Juventa, Weinheim 2003

Liebenow, Hermann:
Taschengeld & Co.
So lernt Ihr Kind sparen
und ausgeben.
Reinhardt, München 2002

Rogge, Jan-Uwe:
Kinder brauchen Grenzen.
Rowohlt Tb.,
Reinbek bei Hamburg 2000

Rogge, Jan-Uwe:
Eltern setzen Grenzen.
Rowohlt Tb.,
Reinbek bei Hamburg 1995

Rosendorfer, Tatjana:
Kinder und Geld.
Gelderziehung in der Familie.
Stiftung Der Private Haushalt/
Campus, Frankfurt/New York 2000

Schuster-Brink, Carola:
Wenn Kinder alles haben wollen.
Südwest, München 1998

Struck, Peter:
Wie viel Marke braucht mein Kind?
Eichborn, Frankfurt 2002

Unverzagt, Gerlinde/
Hurrelbaum, Klaus:
Konsum-Kinder. Herder,
Freiburg 2001

Weatherford, Jack:
Eine kurze Geschichte des Geldes
und der Währung.
Conzett, Zürich 1999

Register

Wichtiger Hinweis:
Die im Buch veröffentlichten Ratschläge wurden mit größter Sorgfalt von Verfasser und Verlag erarbeitet und geprüft. Eine Garantie kann jedoch nicht übernommen werden. Ebenso ist eine Haftung des Verfassers bzw. des Verlages und seiner Beauftragten für Personen-, Sach- oder Vermögensschäden ausgeschlossen.

Bibliografische Information Der Deutschen Bibliothek
Die Deutsche Bibliothek verzeichnet diese Publikation in der Deutschen Nationalbibliografie; detaillierte bibliografische Daten sind im Internet über http://dnb.ddb.de abrufbar.

Bildnachweis:
Umschlagfoto: Zefa/Grace
Fotos: Corbis/Norbert Schaefer S. 42; GettyImages/Peter Cade S. 4/David Roth S. 16/Photodisc S. 74; Globus Infografik GmbH S. 6, S. 10, S. 12, S. 28, S. 34, S. 54, S. 67, S. 83, S. 89, S. 93, S. 95; IFA-Bilderteam/IDS S. 30; Imago/Schöning S. 112; Mauritius/Fergusson S. 60/S. 100.

Umschlaggestaltung: ZERO-Werbeagentur, München
Konzept und Realisation: Livingston Media, Hamburg
www.livingston-media.de
Projektleitung: Caroline Colsman
Redaktion: Rita Güther, München
Herstellung: Dagmar Guhl
Layout und Satz: Verlagsservice Peter Schneider, Iffeldorf
Reproduktion: Premedia, A-Wels
Druck und Bindung: Offizin Andersen Nexö Leipzig GmbH, Zwenkau
Printed in Germany

Gedruckt auf umweltfreundlich chlorfrei gebleichtem Papier.

ISBN 3-426-66770-3

5 4 3 2 1